スペイン家庭料理
本場のパエリア
決定版

家族や友だちと囲んで楽しむ。

丸山久美

はじめに
Introducción

パエリアは世界的に知られ、スペイン料理のアイコンとして君臨しています。でもそんな宿命からか、その名声と知名度が上がるにつれて、本来の伝統的なパエリアから遠ざかり、誤解や勘違いが生まれることが増えてきました。今でも「オーブンを使わないのですか?」と聞かれることがありますが、伝統的なパエリアを知ればその疑問も解けるはず。美味しさのヒントはそこにあるようです。

スペイン東部の地中海に面した地方では米作りが盛んです。米は8世紀にイスラム教徒によってバレンシア地方にもたらされ、稲作に適した気候と豊かな水資源に恵まれたバレンシアで米作りが発展しました。イスラム教徒たちの米料理を、身近な材料を使った農家料理として独自に変化させていったのがパエリアで、「バレンシア風パエリア」の原型となりました。15~16世紀のことです。のちにまかない料理だったパエリアは家庭にも浸透し、祝日や家族が集まる特別な日に食べる料理と進化していきました。沿岸地域では魚介を使ったバリエーションが発展し、やがて魚介や肉がたっぷりのにぎやかなパエリアが世界へ知られるようになり始めたのは観光ブームが高まった20世紀に入ってからだといいます。

地中海地方には数多くの米料理があります。大きく分けると「セコ(ドライ)」、「メロッソ(クリーミー)」、「カルドッソ(汁気の多い)」の3つで、パエリアは「セコ」に当たります。伝統的なパエリアは野外で薪を使って作る料理。薪は樹脂が少なく均一に燃えるオレンジの木がよいといわれ、またその薪から出る煙がパエリアに特有の香りをつけるともいわれて

カタルーニャ、バレンシア、ムルシア地方(自治州ですがここでは地方とします)はレバンテ(東)地方と呼ばれる米どころ。この本では「地中海地方」と呼びます。

います。薪を使ってパエリアを作るには火加減を調整する高度な技術が必要。さらに、水の硬度、天候、気圧、海抜も影響するため、実はスペイン料理の中で最も難しい料理とされています。

それと比べれば家庭のガスで作るのはやさしいのですが、パエリア鍋全体に火が行き届かないとうまく炊き上がりません。これが大きな課題です。そこで、スペインでは鍋のサイズに合わせた「パエジェロ」と呼ばれるガスバーナーが販売されていて、本格的なパエリアを作るための必須アイテムになっています。三脚をつければ野外でも使える優れものです。

この本での作り方は、そんなパエジェロがなくても家庭用のコンロで作れるように工夫しています。その昔、料理上手なスペイン人の友人からヒントを得たやり方で、お米の芯が残ってしまい、中央部しか食べられなかった、なんてことがないように、アルミ箔を少し早めに被せ、コンロ2口に鍋の端を当てて火が届くように調整します。

スペインではパエリアをテーマにすると、さまざまな見解が出て議論になります。例えば、パエリアにレモンは必要か否か、ミックスパエリアはナンセンスか……。特にパエリアの伝統を重んじるバレンシアの人たちは手厳しいです。でも、実際の結論はいつでも「家庭や個人によってそれぞれ」で落ち着きます。わたしもそう思います。パエリアを大切にしているバレンシアの人たちに敬意を払いながら、そしてほかの地方の美味しい魅力的な米料理も取り入れつつ、美味しいパエリアをもっと気軽に楽しめればなによりです。

こんな素敵な米料理、唯一無二ですから。

豆知識や提案を含め、日本のお米を使って普段の生活に取り入れてもらえたら、そしてぐっとハードルが低くなりますように、と長年の願いを込めて。

丸山久美

目次

パエリアを作る前に

材料 …………………………………… 6

パエリア鍋 ……………………………… 8

パエリアを作る前に準備！
「アルミ蓋の作り方」 ………………… 8

チキンスープの準備 ………………… 10

トマトソースの準備 ………………… 11

サフランの色出しをする …………… 12

海と山のパエリアを作ってみよう！ …… 13

「スペイン定番のパエリア」

バレンシア風パエリア ……… 20（→P.22）

魚介のパエリア ……………… 24（→P.26）
魚介スープの準備 ………………… 27

野菜のパエリア ……………… 28（→P.30）
アーティチョークの下処理 …………… 31
野菜スープの準備 ………………… 31

イカスミのパエリア ………… 32（→P.34）

魚介のフィデウア …………… 36（→P.38）
アリオリ ………………………… 39

「気軽に楽しむパエリア献立」

鶏肉と
にんにくの芽のパエリア …… 40（→P.42）

豚スペアリブと
赤パプリカのパエリア ……… 41（→P.43）

肉だんごと
アスパラガスのパエリア …… 44（→P.46）

ムール貝のパエリア ………… 45（→P.47）

アロス・コン・コストラ ……… 48（→P.52）

イカスミのフィデウア ……… 50（→P.53）

「季節のパエリア」

春／
ハマグリとそら豆のパエリア ………… 54

新じゃがいもとベーコンのパエリア … 56

夏／
イワシとトマトのパエリア …………… 58

なすとズッキーニのパエリア ………… 60

秋／
栗と豚肉のパエリア ………………… 62

サンマとしし唐辛子のパエリア ……… 64

冬／
タラとカリフラワーのパエリア ……… 66

帆立と長ねぎのパエリア …………… 68

「おもてなしのパエリア」

タコのパエリア ……………… 70（→P.74）

紳士のパエリア ……………… 72（→P.75）

鴨のパエリア ………………… 76（→P.78）

伊勢海老のパエリア ………… 80（→P.82）

パエリアのおとも「サラダとスープ」

ガスパチョ …………………… 40（→P.84）

ドライフルーツのサラダ ……… 41（→P.84）

じゃがいものサラダ ………… 44（→P.84）

ズッキーニのビシソワーズ …… 45（→P.85）

オレンジのサラダ …………… 49（→P.85）

モヘテ ………………………… 51（→P.85）

パエリアのおとも「サイドメニュー」

ヒルダ‥‥‥‥‥‥‥‥71（→P.86）

ミニトマトのグラスサラダ‥‥‥71（→P.86）

サーモンとアスパラガスの
ピンチョス‥‥‥‥‥‥‥73（→P.87）

マッシュルームの詰め物‥‥‥73（→P.87）

デーツのベーコン巻き‥‥‥‥77（→P.88）

タコのガリシア風と
マッシュポテト‥‥‥‥‥‥77（→P.88）

生ハムとクレソンのカナッペ‥81（→P.89）

スペイン風デビルドエッグ‥‥81（→P.89）

パエリアと楽しむ「ドリンクとデザート」

サングリア‥‥‥‥‥‥‥‥‥90

アグア・デ・バレンシア‥‥‥‥90

夏の赤ワイン‥‥‥‥‥‥‥‥91

クララ‥‥‥‥‥‥‥‥‥‥‥91

シナモンシャーベット‥‥‥‥92

デーツのムース‥‥‥‥‥‥‥92

オレンジのプリン‥‥‥‥‥‥93

バスクチーズケーキ‥‥‥‥‥94

コラム

パエリアの真髄
伝統を守る「バレンシア風パエリア」‥23

スペイン人が愛する「イカスミ」‥‥35

パエリア用のパスタ「フィデウア」‥‥38

「パエリアチョリソー論争」‥‥‥‥46

「アロス・ア・バンダ」‥‥‥‥‥‥75

パエリアを作る前に

● 小さじ1は5mℓ、大さじ1は15mℓ、1カッ
プは200mℓ です。

● ごく少量の調味料の分量は「少々」で親指
と人差し指でつまんだ分量、「ひとつまみ」
は親指と人差し指、中指でつまんだ分量に
なります。「適量」はちょうどよい分量、「適
宜」は好みで入れなくてもよいということです。

● にんにくは芯を取り除いてから調理してくだ
さい。そのほかの野菜類は特に指定のな
い場合は、洗う、むくなどの作業を済ませて
からの手順です。特に指示のない場合は、
その作業をしてから調理してください。

パエリアを作る前に

Preparación de la paella

（材料） Ingredientes

米 Arroz

スペインで栽培されている最も一般的なお米の品種は「ジャポニカ米」です。日本と同じ丸いお米で、中粒、丸粒で種類も豊富。米ところのバレンシアには粘り気が少なく、スープを吸収しやすいパエリアに適したお米が数種類あります。しかし家庭ではこだわらずに気軽に作りたいものです。私自身、日本の美味しいお米でパエリアを作ることにこだわり続けてきましたので、この本でも日本のお米を使います。

まず、お米は洗うか洗わないかが気になるところです。実は長い間、お米は洗わないのが一般的でしたが、最近では洗うほうがよいという意見も多く、未だ論争が続いているテーマのひとつ。パエリアの故郷・バレンシアでは、お米から出たデンプンがしっかりとした食感を生み出し、お米の粘り気を助けるといわれ、お米は洗いません。しかし、米がやわらかくなり、粘りが減少し、より美味しくなるので、洗うという料理人も増えているようなのです。実際は好みや具材との相性もあれば、お米の種類や状態でも微妙に違ってくるかもしれません。

スペインに住んでいた頃に習ったバレンシア料理の先生は、「洗うとひび割れた部分から水分を吸収するからスープを吸いにくくなる」という意見でした。それを守ってきた私ですが、今は粘りが強い種類のお米のときはさっと洗ったり、大きめの粒の無洗米を使うようにしています。肝心なのは煮込むときに混ぜ過ぎて粘りを出さないようにすることです。

写真はバレンシア米（右）とボンバ米（左）。いずれもパエリアに適していて、スープ（出汁）をよく吸収しますが、煮る時間は多めにしてください。

にんにく Ajo

バレンシアの伝統的なパエリアにはにんにくを入れないことが多いようですが、バレンシア南部のアリカンテ県、カタルーニャ地方、ムルシア地方の米料理ではにんにくは欠かせません。この本ではほとんどのレシピに使い、味のアクセントにしています。

パプリカパウダー Pimentón

意外と知られていないのが、スペイン料理になくてはならないスパイス「パプリカパウダー」です。パエリアにも欠かせません。甘口、中辛、辛口とあり、通常は甘いタイプを使います。特にスモークタイプのパプリカパウダーがおすすめで、薪で炊いたような香りが楽しめます。米に赤い色をプラスし、深みのあるスパイシーな風味を加えることができ、パエリアのニュアンスがぐんと変化します。

写真はエストレマドゥーラ地方ベラ産のパプリカパウダーで、「ベラ」という原産地呼称の認定を受けているスモークパプリカが美味しいです。

サフラン Azafrán

秋に愛らしい紫色の花を咲かすサフランクロッカス。その花のめしべを乾燥させたものがサフランです。収穫期間は短く、めしべはひとつの花にたった3本。その上、スパイスとしてのサフランになるまでには大変な時間と労力がかかるため、高価なのです。パエリアには独特な風味を与え、お米を黄金色に染めるサフランは欠かせません。ただし、たくさん入れると色は鮮やかになるものの、風味が強過ぎて味を損なってしまうので気をつけましょう。スペインではあまり黄色過ぎるパエリアは着色料を使ったことが明白と、敬遠されてしまうことも。

オリーブオイル Aceite de oliva

地中海料理であるパエリアには古くからオリーブオイルが使われてきました。オリーブオイルの独特の風味がパエリアに深い味わいを加えます。エキストラヴァージンを使うと、より豊かな風味が楽しめ、パエリアらしい味わいが一層引き立ちます。

パエリアを作る前に
Preparación de la paella

（パエリア鍋） Paellera

パエリアはもともと鍋の名前でした。バレンシアでは今でも鍋をそう呼んでいます。パエリア鍋はパエリアのために生み出された独自の鍋。パエリア鍋で作ったものだけがパエリアと呼べる所以です。この鍋の独特な形状には、パエリアを美味しく作るための大切な理由があります。大きな表面積はお米を均等に薄く広げることができ、お米の層が浅いことによってほどよいお焦げ、"Socarrat（ソカラット）"が作れます。また底が平らなことで熱が均等に伝わり、ムラなく調理ができます。浅い理由は水分が蒸発しやすく、短時間でお米を炊き上げるためです。具材を美しく演出できるのも、その平らで浅いパエリア鍋だからこそ。
さらに2つの取手（大きいものは4つ）は持ち運びやすく、鍋をそのまま食卓に出すことができるのもパエリア鍋ならではです。

サイズ Tamaño

パエリア鍋はさまざまなサイズがあります。小さいものから野外で使う大人数用の巨大サイズまで、大体2cmおきに存在します。日本でも今では色々なパエリア鍋が手に入るようになりました。
家庭では30〜34cmが使いやすいです。この本でも30〜34cmの鍋で作れる分量（3〜4人分）で表記しています。あまり小さいと具材が入りきらない上に、水分があっという間に蒸発してしまいます。大きめの鍋を用意し、ごく浅く作ってお焦げをたっぷり作ってもよいでしょう。

素材 Material

伝統的なパエリア鍋はカーボンスチール製。熱伝導率が高く、均一に熱が伝わり、薪でもガスでも使えます。日本でも赤や緑、黒などの色をした取手の伝統的なスペイン製鍋が手に入るようになりました。
ほかにも鉄製、ステンレス製のタイプもあり、いずれもお焦げをつけやすく、鉄製は熱伝導がよく、美味しく炊き上がります。
スペインではホーロー製のタイプもポピュラーです。最近ではIH用の底が厚めのパエリア鍋も多く出回っています。

パエリアを作る前に準備！
「アルミ蓋の作り方」

パエリア鍋の直径よりひと回り大きく切ったアルミ箔を2枚用意し、中央を少しだけ重ね、端をパエリア鍋に沿ってしっかり折り込み、前もって形を作っておく。

チキンスープの準備

Caldo de pollo

美味しいパエリアを作るには、よいスープが不可欠です。
基本のスープはチキン、魚介、野菜の3種類です。
ここでは簡単に作れる鶏ガラを使った基本のチキンスープを作ります。
骨付きの鶏肉でもよいです。本来の野外で作るパエリアは
具材を炒めたあとに水を加え、その場でスープを作ります。
しかし大きなパエリア鍋を使わない家庭では難しいので、
スープは前もって作り、きちんと量っておくと失敗が減ります。

［材料］作りやすい分量・約1.5ℓ

鶏ガラ … 1羽分＊
玉ねぎ … 1個
長ねぎ（青い部分）… 1本
にんじん … 1本
ローリエ … 2枚

＊手羽先や骨付き鶏もも肉を混ぜて使っても。

［作り方］

① 鶏ガラは血合いなどを流水でよく洗い、ペーパータオルでしっかり汚れをふくA。

② にんじんは皮付きのまま、ほかの野菜と一緒に3〜4等分に切る。

③ 深鍋に①、②、ローリエを入れて具材が頭を出さないように水2.5ℓ（分量外。ひたひたになる程度）を加え、中火にかける。沸騰したらアクを取りB、弱火（具材が踊らない程度）にし、そのままの状態で1時間煮込む。

④ 濁らないようにやさしく静かにザルで濾すCD。

Memo
新鮮なうちに粗熱を取ってから冷凍します（冷蔵庫で3日、冷凍庫で1か月保存可能）。

トマトソースの準備

Salsa de tomate

トマトはパエリアに欠かせない味のベースです。
トマトソースを使うか、生のトマトを使うかは具材のバランスで決めます。
例えば、バレンシア風パエリアでは、シンプルな味を生かすために
生のトマトを使います。ただ、若過ぎるトマトや水分が多いものは避け、
熟した良質なトマトを選びます。
トマトソースは前もって作っておくと便利です。
冷蔵保存は5～6日しか持たないので、
小分けにして冷凍するのがおすすめです。

[材料] 作りやすい分量・約200～300mℓ

トマト水煮 … 400g
玉ねぎ … 1個
オリーブオイル … 大さじ1
グラニュー糖 … 小さじ1
塩 … 小さじ1/4

[作り方]

① 玉ねぎはみじん切りにする。
② 鍋にオリーブオイルを入れて弱火で熱し、玉ねぎをじっくり炒める A。
③ 玉ねぎがしんなりとして甘みが出たら、トマトを加える B。
④ 中火にして木ベラでトマトを潰し、沸騰したら半量程度になるまで焦げないようにたまに混ぜながら煮込み、グラニュー糖と塩で味を加える C。
⑤ ミキサーまたはブレンダーでピューレ状に撹拌する D。

Memo
新鮮なうちに粗熱を取ってから冷凍します（冷蔵庫で6～7日、冷凍庫で1か月保存可能）。

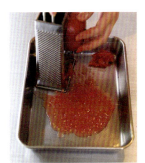

「生のトマトを使う場合」
トマトは横半分に切り、おろし器で皮だけが残るまですりおろす。調理の際は水分がなくなるまで煮詰めるのがコツ。

サフランの色出しをする

Preparación el azafrán

アルミ箔で包んだサフランを軽くトーストして香り
を引き出し、乾燥させる伝統的な方法です
（パエリア鍋やフライパンでも）。
ただし、高品質で新鮮なものやすでに乾燥して砕けるもの、
もしくはすでにパウダー状のものはその必要がありません。
乾燥したサフランは細かく砕き、スープに入れたら
少なくとも15分以上置き、色出しをします。
使用するサフランの量（ひとつまみ）は8〜10本ほどです。

［作り方］

① サフランはアルミ箔で包み A 、オーブントースターで
　1分ほど焼く。すぐに焦げてしまうので、焼き過ぎに
　注意する。

② アルミ箔で包んだまま軽くもみ、細かくする B 。

③ 小鍋にスープを入れて火にかけ、温かいうちにサフ
　ランを入れて色出しをする。

この本での米とスープの比率は1：2

米1と1/2カップにスープ3カップを基本に3〜4人分のパエリアを作ります。
またこの分量を作るパエリア鍋は直径30〜34cmを推奨しています。

海と山のパエリアを作ってみよう!
Paella Mar y Montaña

[材料] 3〜4人分

鶏もも肉 … 200g
有頭海老（赤海老）… 3尾
アサリ … 100g
赤パプリカ … 1/2個
にんにく … 1片
トマトソース（P.11参照）… 大さじ2
米 … 1と1/2カップ（洗わずに使う）
パプリカパウダー … 小さじ1/2
オリーブオイル … 大さじ1と1/2
A｜サフラン … ひとつまみ
　｜チキンスープ（P.10参照）… 3カップ
塩 … 小さじ2/3

[下準備]

・鶏肉は4等分に切り、塩適量（分量外）をふる。
・海老は背ワタを取り除く。
・アサリは砂抜きをしておく。
・赤パプリカは1.5cm角に切る。
・にんにくは粗みじんに切る。
・Aは12ページを参照して温めておく。
・アルミ箔の蓋を作っておく。

炒める
Sofriendo

海老のミソの旨みをオイルにしっかり移します。また、パエリアは煮る間に水分が減るので具材を蒸らすことはできますが、完全に火を通すのは難しいことがあります。そこで、火が通りにくいものから焼いたり炒めたりします。肉は旨みを閉じ込めるために全面を焼き、野菜は甘みや旨みを引き出すように炒めます。

❶ パエリア鍋にオリーブオイルを入れて中火で熱し、海老の頭を木ベラで軽く押して潰し、ミソを出す A 。

❷ 海老を一度取り出し、鶏肉を皮目から両面をこんがり焼く B 。

❸ 鶏肉を端に寄せて赤パプリカを加え、焦げないように混ぜながらしんなりとするまで弱火で炒める C 。にんにくを加えてさらに炒める。

❹ にんにくの香りが立ったら、トマトソースを加えて混ぜる D 。

米とスープ

Incorporación del arroz y caldo

米は洗わずに使います（または無洗米を使っても）。米はパラパラにすることより、スープを吸わせることが大切なのでさっと混ぜるだけで大丈夫です。パプリカパウダーは焦げやすく苦みが出るので、同様に扱います。重要なのは、スープを必ず熱々で加えること！ 具材を炒める時から弱火で温め始めることを忘れずにしてください。

❶ 米とパプリカパウダーを加え、全体を軽く混ぜるⒶⒷ。

❷ 塩を加えた熱々のAを注ぐⒸ。パエリア鍋も熱く、スープを注いだ際にジュッという音がする程度が好ましい。

❸ 中火で5分ほど、木ベラで鍋底が見えるまで煮るⒹ。途中底が焦げ始めたら、木ベラでこそげ取る。余分なデンプンが出て、ベタベタにならないように混ぜ過ぎるのは厳禁。お米が表面に出てきたら、でき上がりをイメージして具材を均等に移動させる。

Paella Mar y Montaña

15

煮込む
Cocción

中央部分はすでに火がよく通って煮えているのであとは端だけに火を当てます。ここでは煮える音によく耳を傾けるのがコツです。「グツグツ」という音がだんだんと水分が減り、「ププツ」という音に変わっていきます。水分がまだ残って、音がするところに火が当たるようにして「チリチリ」と音がしたらでき上がり。さらに「パチパチ」と乾いた音がしたら焦げている匂いがしないかにも注意する。音が分かるようになったら、アルミ箔をめくっての確認は必要なくなります。

❶ ここからは手早く行う！ごく弱火にして素早く海老とアサリをのせる A 。

❷ アルミ箔の蓋を被せて火傷しないように注意しながら鍋の縁にピッタリと折り込む。鍋底の端に火が当たるように2つの火口を使い、端に火が当たるようにときどき鍋を回してずらしながら煮込む B 。

❸ 13分ほどしたら、火傷しないようにアルミ箔を2か所ほど少しめくって素早くスープの減り具合を確認する。まだスープが残っているようなら再度アルミ箔をきっちり被せ、湯気が出ないようにしてさらに3〜4分煮る。

焦げをつけながら
蒸らす
Socarrat y reposo

スープの旨みが集結したカリッと香ばしいお焦げ "Socarrat（ソカラット）" は誰もが狙うところ。いよいよパエリア作りの最後の締めくくりです！ 音を聞きながら水分がなくなったことを確かめ、焦げ過ぎないように香りも確認しつつ、強火で香ばしく焼き上げます。蒸らし時間は10分ですが、もし米の炊き具合が心配であれば、少し多めに蒸らすと安心です。

❶ アルミ箔の蓋を被せたまま、最後に強火にしてお焦げがつくようにパチパチと音がするまで鍋を動かしながら鍋底全体に火を当てる。

❷ 火を止め、そのまま10分間蒸らす。

❸ アルミ箔の蓋を取り、水分が多いようであれば、さらに強火で鍋底でチリチリと音がするまで水分を飛ばす。

Paella Mar y Montaña

"¡Vinga que es gela l'arròs!"

ご飯が冷めちゃうよ！

「¡Vinga que es gela l'arròs!」。

これはバレンシア語で、「ご飯が冷めちゃうよ！」という意味で、

パエリアを作った人が「さあ食べよう〜」と宣言する合言葉。

とても可愛らしいですよね！？

バレンシアの伝統的なパエリアの食べ方はスプーンで直接食べるのです。

そしてその食べ方には暗黙のルール（エチケット）があります。

例えば、自分の席が決まったら目の前のパエリアの外側の端から

中心に向かって食べ進めます。隣の人の陣地を侵害してはいけません。

もともとは野外で薪で炊いた料理。そのまま食べるのが理にかなっていたのです。

木のスプーンはパエリアの味を邪魔することもなく、

お焦げを上手に取ることができ、パエリア鍋を傷つけることもありません。

そして値段が安かったということもあったのでしょう。

実は元々農夫たちはシチューなどの煮込みなどの賄いが多かったため、

マイスプーンを持参する習慣があったとか。

ただし、骨付き肉やカタツムリを食べるときは手を使うことを許されるそう。

皿に取り分けて食べるときも大きめのスプーンでやはり放射状に取り、

皿にのせたらあとはフォークでいただきます。

大きな鍋をみんなでシェアして食べる、これぞパエリアの醍醐味です！

スペイン定番の
パエリア

家庭でも馴染み深く、誰もがまずは思い浮かべる定番のパエリア。
スペインのアロセリア（米料理専門店）のメニューでも欠かせない、
まさに代表的なパエリアです。
それぞれの個性豊かな味わいをお楽しみください。

バレンシア風パエリア

Paella valenciana

パエリアの元祖であり、象徴的な存在です。
バレンシアの人たちにとっては誇り高き文化遺産であり、
素朴ながらも風味豊かな味わいが受け継がれています。

バレンシア風パエリア

Paella valenciana

[材料] 3〜4人分

鶏肉（手羽元、手羽先、もも肉などを合わせて）… 600g
白花豆（乾燥）… 14粒（約85g）
モロッコいんげん … 4本（約80g）
ローズマリー … 2本
トマト（完熟）… 2個（約400g）
米 … 1と1/2カップ
チキンスープ（P.10参照。または水）＊ … 3カップ
パプリカパウダー … 小さじ1/2
サフラン … ひとつまみ
塩 … 小さじ1/2
オリーブオイル … 大さじ1と1/2

＊チキンスープは使用する骨付き肉から作ってもよい。豆の煮汁を加えてもよい。

[作り方]

❶ 白花豆はシワがなくなるまでたっぷりの水に24時間ほど浸して戻す。戻した豆は鍋に入れてたっぷりの水を加えて中火にかける。沸騰したらザルに上げて茹でこぼし、再度鍋に戻して水を加えて沸騰したら弱火にし、蓋をして30〜40分煮る。火を止め、そのまま冷ますⒶ。

❷ 小鍋にチキンスープを入れて火にかけ、温かいうちにサフランを入れて色出しをしておく。

❸ ②に水気をきった白花豆と塩を加える。

❹ 鶏肉は余分な脂肪を取り除き、塩少々（分量外）をふる。モロッコいんげんは3〜4等分に切る。トマトは横半分に切り、皮が残るまですりおろす。

❺ パエリア鍋にオリーブオイルを入れて強めの中火で熱し、鶏肉の全面をこんがりと焼く。

❻ こんがり焼けたら鍋の端に寄せる。モロッコいんげんを加えて2分ほど炒め、トマトを加えて水分がなくなるまで煮詰めるⒷ。米とパプリカパウダーを加え、全体を軽く混ぜる。

❼ 熱々の③を加え、沸騰したら中火にしてたまに混ぜながら5分ほど煮る。ローズマリーをのせ、アルミ箔の蓋を被せて弱火で13〜15分煮込む。

❽ 最後に一瞬強火にする。火を止めて10分蒸らす。アルミ箔の蓋を取り、水分が多いようであれば、さらに強火で鍋底でチリチリと音がするまで水分を飛ばす。

パエリアの真髄
伝統を守る「バレンシア風パエリア」

バレンシアの中心街からほんの10kmほどの場所に大きく広がる「アルブフェラ自然公園」は、パエリアの故郷として知られています。豊かな水に恵まれたこの地では、広がる大地に連なる水田で古くから米作りが盛んに営まれてきました。農民たちが米と身近な食材を使い、作り始めたのがパエリアです。この料理はバレンシアの人たちの食文化に深く根づき、代表的な伝統料理となりました。

パエリアの知名度が高まるにつれ、「本来の伝統的なパエリアは？」という論争が激しくなってきました。バレンシアの人たちにとって、シーフードやミックスパエリアではない「バレンシア風パエリア」こそが本来の味であり、美味しさの原点であり、その愛着も格別です。情報が行き交う現代では、世界中でパエリアに対する認識が違うこと、母国でさえも本来の姿がよく知られていない現実を目の当たりにすることが増えました。

そしてそんな状況にモヤモヤとしていたバレンシアの著名なシェフなどを中心に、本場のレシピを広める動きが始まったのです。その結果、2021年にバレンシア風パエリアは重要無形文化財として承認され、保護されるようになりました。

バレンシア米原産地呼称規制委員会によると、バレンシア風パエリアの基本食材は米、兎肉、鶏肉、モロッコいんげん、豆のガロフォン、トマト、水、塩、サフラン、オリーブオイル、この10種類です。

この中で最も特徴的なのが「ガロフォン」で、他のパエリアにはあまり使われない種類の豆です。南米原産のリマ豆の一種で、現地産は皮が薄くほんのり甘いのが特徴。旬の時期は生で、それ以外の季節には乾燥や冷凍でも使われます。この本のレシピでは花豆を使っていますが、現地でも白いんげん豆を米と合わせることもあり、ガロフォンの代用とすることもあります。

バレンシアの地域によっては、さらに付け加えられる具材があり、容認されているものがあります。調味料ではパプリカパウダーや香りを加えるにんにく、ローズマリー。そしてカタツムリ、鴨、アーティチョーク、小さな白いタヴェラ豆、豚スペアリブの8つの具材です。

ちなみにカタツムリは、ローズマリーやタイムが生育する乾燥した環境を好む地中海地方だけに住む山カタツムリで、バレンシアの地域によっては欠かせない具材ですが、現在はその生息数が減少しつつあるそうです。この料理では、一般的に鶏1羽を丸ごと切り分け、パエリア鍋でスープを取ります。骨付きで使うのでよい味がしっかりと出るのです。この本のレシピでは省略していますが、鮮度のよい骨付きの鶏肉が手に入ったら、ぜひスープから作ってみてください。

さて、バレンシア米を初めて食べた日本人はどうも16世紀の天正遣欧少年使節の一行だったそうなのです。旅の途中で、歓迎を受けたというアリカンテでふるまわれた米料理はパエリアではなかったかもしれませんが、一体どんなものだったのか、米を主食とする日本人はどのようにそれを受け止めたのかを考えると、興味が尽きません。

魚介のパエリア
Paella de marisco y pescado

特別な日や週末に作る、
みんなのほころぶ顔がうれしいパエリアです。
魚介から出た旨みを吸ったお米を堪能できます。
自家製のスープを使うことで
その美味しさが格段にアップします。

魚介のパエリア
Paella de marisco y pescado

[材料] 3〜4人分

ムール貝 … 4個
アサリ … 6個（砂を抜いておく）
イカ … 1杯
白身魚の切り身（アンコウ、タラ、メロなど）… 1切れ
有頭海老（赤海老）… 4尾
にんにく … 2片
トマトソース（P.11参照）… 大さじ1と1/2〜2
米 … 1と1/2カップ
魚介スープ（P.27参照）… 3カップ
パプリカパウダー … 小さじ1/2
サフラン … ひとつまみ
白ワイン … 1/4カップ
塩 … 小さじ1/2
オリーブオイル … 大さじ2
レモン … 適量

[作り方]

❶ ムール貝は流水で洗い、貝殻同士をこすり合わせながら、表面の汚れを取る。さらにきれいに洗い、はみ出した足糸（ヒゲ）は殻に沿って引き抜く。鍋にムール貝と白ワインを入れて中火にかけ、ひと煮立ちしたら弱めの中火にし、蓋をして殻が完全に開くまで5分ほど蒸す。開かないムール貝は破棄する。蒸し汁は魚介スープと合わせる（汚れが入らないように濾すか、もしくは鍋底に汚れが残るように注ぐ）。

❷ 小鍋に魚介スープを入れて火にかけ、温かいうちにサフランを入れて色出しをして塩を加える。

❸ イカはワタを取り除き、皮をむいて胴は1cm幅の輪切りにし、足は2本ずつに切り分ける。白身魚は食べやすい大きさに切る。海老は背ワタを取り除く。にんにくは粗みじんに切る。

❹ パエリア鍋にオリーブオイルを入れて強めの中火で熱し、海老を入れて両面を焼く。頭を木ベラで軽く押してミソを出したら海老を取り出す。

❺ イカとにんにくを加え、香りが立ったらトマトソースを加えて混ぜる。米とパプリカパウダー加え、全体を軽く混ぜる。

❻ 熱々の②とアサリを加え、沸騰したら中火にしてたまに混ぜながら5分ほど煮る。海老と白身魚をのせてアルミ箔の蓋を被せて弱火で13〜15分煮込む。

❼ 最後に一瞬強火にする。火を止めて10分蒸らす。アルミ箔の蓋を取り、水分が多いようであれば、さらに強火にかけて鍋底でチリチリと音がするまで水分を飛ばし、好みの形に切ったレモンを添える。

魚介スープの準備

Caldo de pescado

滋味に富んだ、豊かなスープがパエリアの味を決めます。
ここでは、海老の頭から出る濃厚な旨みと
白身魚のアラをゆっくりと煮込んで、旨みを引き出します。
地中海地方では、"Roca"や"Morralla"と呼ばれる、
雑魚などの魚を使うのが定番です。
またアンコウ、タイ、ヒラメ、アナゴ、メルルーサなどもよく使われます。
日本では金目鯛や真鯛が手に入りやすいですが、
カサゴ、キンキ、スズキ、ホウボウなど
さまざまな季節の白身魚のアラでも美味しく作れます。
魚のアラは鮮度が命です。新鮮な臭みがないものを選びましょう。

［材料］作りやすい分量・約2ℓ

魚のアラ（新鮮な金目鯛などの
　　白身魚の頭など）… 1尾分
海老（赤海老など）の頭と殻
　　… 4〜6尾分
玉ねぎ … 1個
長ねぎ（緑の部分）… 1本分
にんじん（皮付き）… 1本
イタリアンパセリ … 2本
ローリエ … 3〜4枚
白ワイン … 1/2カップ
オリーブオイル … 小さじ2

［作り方］

① 魚のアラは流水でよく洗い、血合いと汚れを落とす。
② 玉ねぎ、長ねぎ、にんじんは4等分に切る。
③ 深鍋にオリーブオイルを入れて中火で熱し、海老の頭と殻を潰しながら炒める A 。白ワインを加え B 、水分がほとんどなくなるまで触らずにそのまま煮詰める。
④ 切った野菜、イタリアンパセリ、ローリエ、水3ℓ（分量外）を加え C 、沸騰したら弱火（具材が踊らない程度）にし、そのままの状態で1時間煮込む。
⑤ 濁らないようにやさしく静かにザルで濾す D 。

Memo
・生臭さを防ぐため、アラに残っているウロコや内臓は丁寧に取ります。
・新鮮なうちに粗熱を取ってから冷凍します（冷蔵庫で3日、冷凍庫で1か月保存可能）。

野菜のパエリア
Paella de la huerta

スペイン各地に野菜の米料理がさまざまあり、
地域名産の野菜や旬の野菜を使って
季節ごとの野菜のパエリアを楽しみます。
レシピは無限大です！
野菜の美味しさを実感するパエリアです。
玉ねぎやピーマン、赤パプリカなど基本の野菜を
しっかりと炒めて、濃縮した味をベースにする
「ソフリート」は大切なポイントです。

野菜のパエリア
Paella de la huerta

[材料] 3〜4人分

アーティチョーク … 3個（約390g）*
カリフラワー … 1/4株（約125g）
赤パプリカ … 大1/2個
ピーマン … 1個
玉ねぎ … 1/2個
にんにく … 1片
グリーンピース … 正味30g（または冷凍20g）
トマト（完熟）… 1個（約200g）
米 … 1と1/2カップ
野菜スープ（P.31参照）** … 3カップ
パプリカパウダー … 小さじ1/2
サフラン … ひとつまみ
ローリエ … 2枚
塩 … 小さじ3/4
オリーブオイル … 大さじ1と1/2

*右ページを参考にして下処理をする。
**チキンスープ（P.10参照）を使ってもよい。

[作り方]

❶ カリフラワーは小房に分ける。赤パプリカとピーマンは2cm角に切り、玉ねぎとにんにくは粗みじんに切る。トマトは横半分に切り、皮が残るまですりおろす。

❷ 小鍋に野菜スープを入れて火にかけ、温かいうちにサフランを入れて色出しをして塩を加える。

❸ パエリア鍋にオリーブオイルを入れて弱火で熱し、玉ねぎを炒める。しんなりとしてきたら赤パプリカとピーマンを加えてさらにしんなりするまでゆっくり炒める。

❹ アーティチョーク、カリフラワー、にんにくを加えて炒める。にんにくの香りが立ったらトマトを加え A 、水分がなくなるまで煮詰める。米とパプリカパウダーを加え、全体を軽く混ぜる。

❺ 熱々の②とローリエを加え、沸騰したら中火にしてたまに混ぜながら5分ほど煮る。グリーンピースを散らし、アルミ箔の蓋を被せ、弱火で13〜15分煮込む。

❻ 最後に一瞬強火にする。火を止めて10分蒸らす。アルミ箔の蓋を取り、水分が多いようであれば、さらに強火にかけて鍋底でチリチリと音がするまで水分を飛ばす。

アーティチョークの下処理

スペインはアーティチョークの主要生産国のひとつで、古くから地中海地方の人たちに愛されています。バレンシア風パエリアに必ず入れる地域もあります。黒く変色しやすいので、お米に色がうつらないよう、しっかりと下処理を行いましょう。

[下処理の方法]

① ボウルにたっぷりの水と4等分に切ったレモンを入れる。

② アーティチョークは外側の厚い花弁をはがすⒶ。根元と先端を切り落とすⒷⒸ。かたい花弁が残っているようであれば、包丁で削るⒹ。

③ 縦半分に切り、変色しないように①のボウルに素早く入れる。

野菜スープの準備
Caldo de verduras

野菜の甘みが実感できるスープです。家庭によって使う野菜はさまざまで、トマトやじゃがいも、かぶなどが使われることもあります。残ったスープは冷凍保存しておくと便利です。

[材料] 作りやすい分量・約2ℓ

玉ねぎ … 1個	ローリエ … 2枚
長ねぎ … 1本	イタリアンパセリ … 3本
にんじん … 1本	黒粒こしょう … 小さじ1
セロリ … 1本	白ワイン … 1/4カップ
にんにく … 1片	オリーブオイル … 大さじ1

[作り方]

① にんにくは皮をむき、2〜3等分に切る。ほかの野菜はすべて皮がついたままぶつ切りにする。

② 深鍋にオリーブオイルを入れて中火で熱し、①の野菜を炒める。玉ねぎや長ねぎがこんがりやわらかくなるまで炒める。白ワインを加え、水分がほとんどなくなるまで煮詰める。

③ ローリエ、イタリアンパセリ、黒粒こしょう、水3ℓ（分量外）を加え、沸騰したら弱火（具材が踊らない程度）にし、そのままの状態で1時間煮込む。

④ 濁らないようにやさしく静かにザルで濾すⒶ。

Memo
・市販の野菜スープを使ってもよいが、その際は塩分を加減する。
・新鮮なうちに粗熱を取ってから冷凍します（冷蔵庫で3日、冷凍庫で1か月保存可能）。

イカスミのパエリア

Arroz negro

「黒いご飯」の名前でも親しまれている、
古くから地中海の地域に根づく珍味、イカスミのパエリア。
インパクトの強い黒い色からは想像できない
まろやかな甘みとコクが米とも相性抜群。
思いのほか、作り方も簡単です。

イカスミのパエリア
Arroz negro

[材料] 3〜4人分

イカ … 小2杯
玉ねぎ … 1/2個
ピーマン … 1個
にんにく … 2片
トマトソース(P.11参照) … 大さじ3
米 … 1と1/2カップ
魚介スープ(P.27参照) … 2と3/4カップ
イカスミペースト … 12g
白ワイン … 1/4カップ
オリーブオイル … 大さじ1と1/2
塩 … 小さじ1/3
アリオリ(P.39参照) … 適宜
レモン … 適量
イカ(トッピング用)* … 適宜

*トッピング用のイカ(小)はワタを取り除いて皮をむいたものをフライパンで焼き、仕上げにのせる。スペインでは同様に焼いた海老をのせることも。

[作り方]

❶ イカはワタを取り除き、皮をむいて胴は2〜3cm角に、足は2cm幅に切る。玉ねぎ、ピーマン、にんにくは粗みじんに切る。

❷ イカスミペーストは白ワインでよく溶かし混ぜる A B 。

❸ 小鍋に魚介スープを入れて火にかけて温め、塩を加える。

❹ パエリア鍋にオリーブオイルを入れて弱火で熱し、玉ねぎとピーマンをゆっくりと炒める。野菜がしんなりとしてきたら、イカとにんにくを加えてさらに炒める。にんにくの香りが立ったらトマトソースを加えて混ぜる。米を加えて全体を軽く混ぜる。

❺ 熱々の③を加えて沸騰したら②を加え C 、たまに混ぜながら5分ほど煮る。アルミ箔の蓋を被せて弱火で13〜15分煮込む。

❻ 最後に一瞬強火にする。火を止めて10分蒸らす。アルミ箔の蓋を取り、水分が多いようであれば、さらに強火にかけて鍋底でチリチリと音がするまで水分を飛ばす。好みでトッピング用のイカをのせ、アリオリとレモンを添える。

スペイン人が愛する「イカスミ」

墨袋はイカのワタについていますが、ヤリイカやスルメイカでは量が少ないため、市販のペーストを使うのが便利です。スペインでは魚屋さんやスーパーマーケットで小分けパックのイカ墨が販売されており、日本でも輸入食品店やオンラインで購入可能です。使うときは、色と風味が均一になるようにしっかりと溶いてから使ってください。このペーストには一般的には墨を多く持つコウイカが使われています。コウイカはスペイン語で"Sepia（セピア）"と呼ばれ、昔は実際にインクとして使われていたといいます。その乾いた色合いから「セピア色」の語源にも。

魚介のフィデウア

Fideuá de marisco

約100年前、バレンシア地方のガンディアの船の料理人が
パエリアを作るために海老やアンコウを用意し、
濃厚なスープやソフリートを準備していました。
ところが、米がないことに気づき、
苦渋の選択でスパゲッティーニをカットして代用することに。
こうして誕生したまかない料理だった「フィデウア」は
のちにガンディアの郷土料理となり、
パエリアの仲間として広く知られるようになりました。

魚介のフィデウア
Fideuá de marisco

[材料] 3～4人分

有頭海老（赤海老）… 3尾	魚介スープ（P.27参照）
イカ … 1杯	… 4カップ
アサリ … 100g（砂を抜いておく）	パプリカパウダー … 小さじ1/2
赤パプリカ … 小1/2個	サフラン … ひとつまみ
ピーマン … 1個	白ワイン … 大さじ3
にんにく … 1片	塩 … 小さじ1/2
トマトソース（P.11参照）… 大さじ2	オリーブオイル … 大さじ2
スパゲッティーニ … 120g	アリオリ（P.39参照）… 適量
	レモン … 適量

[作り方]

❶ スパゲッティーニは長さは2cm程度に折るⒶ。

❷ 小鍋に魚介スープを入れて火にかけ、温かいうちにサフランを入れて色を出して塩を加える。

❸ 海老は背ワタを取り除く。イカはワタを取り除き、皮をむいて胴は5mm幅の輪切りにし、足は2本ずつに切り分ける。赤パプリカとピーマンは5mm角、にんにくは粗みじんに切る。

❹ パエリア鍋にオリーブオイル大さじ1を入れて強めの中火で熱し、海老の両面を焼く。頭を木ベラで軽く潰し、ミソを出して海老を一度取り出す。

❺ 残りのオリーブオイル大さじ1を加え、赤パプリカとピーマンを弱火でゆっくりと炒める。しんなりとしてきたらにんにくを加えて炒める。香りが立ったらトマトソースを加えて混ぜる。

❻ イカと①のスパゲッティーニを加えⒷ、焦がさないように気をつけながら、中火で全体を香ばしく炒めるⒸ。パプリカパウダーを加えて全体を軽く混ぜる。

❼ 白ワインを加えて水分がほとんどなくなるまで煮詰める。

❽ 熱々の②を加え、海老を戻し入れるⒹ。沸騰したら中火にしてたまに混ぜながら5分ほど煮る。

❾ アサリをのせ、スパゲッティーニの袋に表示された茹で時間を目安にやわらかくなるまでさらに4～5分煮る。途中煮汁が足りなくなったら熱湯を適宜足す。水気が多ければ強火で煮詰める。

❿ 鍋底でチリチリと音がするまで水分を飛ばし、アリオリと好みの形に切ったレモンを添える。

パエリア用のパスタ「フィデウア」

スペインにはフィデウア専用のショートパスタが売られています。細めから少し太めまでいくつかの種類があり、サイズは番号で分かれています。元祖ガンディアではスープをよく吸う4番（1.5～2mm）が推奨されています。一方、カタルーニャ地方ではごく細めのタイプが主流で、香ばしく炒めてから煮込みます。

アリオリ
Alioli

にんにくとオリーブオイルだけで作る地中海の伝統的ソース。
マヨネーズの元祖です。強めの味が特徴ですが、現在は卵黄を加えてまろやかに、よりクリーミーに仕上げます。全卵を使うとマヨネーズになってしまいます。
魚介のパエリアやフィデウアと合わせると、濃厚さがマイルドになり、旨みが引き立ちます。

アリオリ（卵黄入り）
Alioli con yema de huevo

[材料] でき上がり分量・約3/4カップ

にんにく … 1片（約5g）
卵黄 … 1個分
塩 … 小さじ1/4
オリーブオイル … 200mℓ
レモン果汁 … 大さじ1

[作り方]

① にんにくはすりおろす。
② ボウルに卵黄、にんにく、塩を入れA、泡立て器で混ぜるB。
③ 全体が混ざったらオリーブオイルを2〜3滴ずつ垂らすように加えC、クリーム状に乳化させるように混ぜ、レモン果汁を加えてさらに混ぜる。

アリオリ（伝統的バージョン）
Alioli tradicional

[材料] でき上がり分量・約1/3カップ

にんにく … 2片（約10g）
塩 … 小さじ1/5
オリーブオイル … 200mℓ

[作り方]

① にんにくはみじん切りにする。
② 乳鉢ににんにくを入れ、すりこぎでしっかり潰し、ペースト状にするA。
③ 塩を加えて混ぜ、オリーブオイルを2〜3滴ずつ垂らすように加え、乳化させながらクリーム状になるように混ぜる。

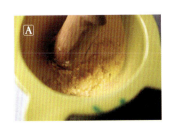

気軽に楽しむ
パエリア献立

豪華な具材がたっぷりのっている印象が強く、
ハードルが高いと思われがちなパエリアですが、
シンプルに作っても美味しく楽しめます。
そしてサラダや野菜スープがあれば、栄養バランスも完璧。
もっと気軽にパエリアを楽しむ第一歩の提案です。

鶏肉と
にんにくの芽の
パエリア

Paella de pollo y ajetes（→ P.42）

＋ ガスパチョ Gazpacho（→ P.84）

食卓によく登場する鶏肉のパエリア。
元祖バレンシア風のアレンジとして、
さまざまな野菜と一緒に作られています。
ここではにんにくの芽を加えました。
スペインのにんにくの芽は、
よりやわらかく少し異なりますが、
日本のものでも美味しく作れます。

豚スペアリブと
赤パプリカのパエリア
Paella de costillas de cerdo y pimientos（→P.43）

＋ドライフルーツのサラダ
Ensalada con frutos secos（→P.84）

ムルシア地方の伝統料理です。
家庭によってその日に加える野菜はさまざま。
赤パプリカは甘みが出るまで、
弱火でじっくりと炒めるのがポイント。
食べるときに挽き立ての黒胡椒をたっぷりふってください。

鶏肉とにんにくの芽のパエリア

Paella de pollo y ajetes

[材料] 3〜4人分

鶏手羽中 … 8本
にんにくの芽 … 6本
にんにく … 2片
トマトソース（P.11参照）… 大さじ1と1/2
米 … 1と1/2カップ
チキンスープ（P.10参照。または水）* … 3カップ
パプリカパウダー … 小さじ1/2
サフラン … ひとつまみ
塩 … 適量
黒こしょう … 適量
オリーブオイル … 大さじ1
レモン … 適量

＊チキンスープは使用する骨付き肉から作ってもよい。

[作り方]

❶ 小鍋にチキンスープを入れて火にかけ、温かいうちにサフランを入れて色出しをして塩小さじ1/2を加える。

❷ 鶏手羽中は塩と黒こしょう各適量をふる。

❸ にんにくの芽は4等分に切る。にんにくは粗みじんに切る。

❹ パエリア鍋にオリーブオイルを入れて強めの中火で熱し、②の両面をこんがりと焼いて取り出す（鍋にお焦げがついたらしっかりこそげ取り、一緒に取っておく）。

❺ オリーブオイルが足りないようなら適宜足し、にんにくとにんにくの芽を炒める。香りが立ったらトマトソースを加えて混ぜる。米とパプリカパウダーを加え、全体を軽く混ぜる。

❻ 熱々の①を加えて鶏手羽中をのせ、沸騰したら中火にしてたまに混ぜながら5分ほど煮る。アルミ箔の蓋を被せ、弱火で13〜15分煮込む。

❼ 最後に一瞬強火にする。火を止めて10分蒸らす。アルミ箔の蓋を取り、水分が多いようであれば、さらに強火にかけて鍋底でチリチリと音がするまで水分を飛ばし、好みの形に切ったレモンを添える。

豚スペアリブと
赤パプリカのパエリア

Paella de costillas de cerdo y pimientos

[材料] 3〜4人分

豚スペアリブ … 小5〜6本
赤パプリカ … 大1個
にんにく … 2片
トマトソース(P.11参照) … 大さじ3
米 … 1と1/2カップ
チキンスープ(P.10参照。または水)＊ … 3カップ
パプリカパウダー … 小さじ1
サフラン … ひとつまみ
オリーブオイル … 大さじ1と1/2
塩 … 適量
黒こしょう … 適量
粗挽き黒こしょう … 適量

＊チキンスープは使用する骨付き肉から作ってもよい。

[作り方]

❶ 小鍋にチキンスープを入れて火にかけ、温かいうちにサフランを入れて色出しをして塩小さじ1/3を加える。

❷ 豚スペアリブに塩と黒こしょう各適量をふる。赤パプリカは1cm幅の細切り、にんにくは粗みじんに切る。

❸ パエリア鍋にオリーブオイルを入れて強めの中火で熱し、豚スペアリブの全面を焼く。

❹ こんがり焼けたら鍋の端に寄せる。赤パプリカを加えてしんなりとするまで弱火で炒め、さらににんにくを炒める。にんにくの香りが立ったらトマトソースを加えて混ぜる。米とパプリカパウダーを加え、全体を軽く混ぜる。

❺ 熱々の①を加え、沸騰したら中火にしてたまに混ぜながら5分ほど煮る。アルミ箔の蓋を被せ、弱火で13〜15分煮込む。

❻ 最後に一瞬強火にする。火を止めて10分蒸らす。アルミ箔の蓋を取り、水分が多いようであれば、さらに強火にかけて鍋底でチリチリと音がするまで水分を飛ばし、仕上げに粗挽き黒こしょうをふる。

肉だんごと
アスパラガスの
パエリア

Paella de albóndigas y espárragos（→P.46）

＋ じゃがいものサラダ
Patatas aliñadas（→ P.84）

バレンシア地方のラ・サフォールには、
肉だんごを入れたパエリアがあります。
ここではパプリカパウダーを効かせて、
チョリソー風に仕上げた肉だんごを使いました。

ムール貝のパエリア
Paella de mejillones（→ P.47）

＋ ズッキーニのビシソワーズ
Crema fría de calabacín（→ P.85）

旨みが凝縮したムール貝のスープだけで作る、
風味豊かなパエリアです。
チーズを加えて仕上げた
濃厚なズッキーニの冷製スープがよく合います。

肉だんごと
アスパラガスのパエリア

Paella de albóndigas y espárragos

「パエリアチョリソー論争」

8年前、スペインで今も語り継がれる大騒動がありました。イギリスの有名シェフがSNSに公開したパエリアが物議を醸し、大炎上！ チョリソーが入っていたことが大きな話題となりましたが、それだけではなくパエリア鍋を使わず、米を何度もかき混ぜたり水を加えるなど、パエリアでは御法度とされる作り方にもスペイン人の怒りが大爆発。このできごとはパエリアが彼らにとって単なる料理以上の存在であることを改めて示し、論争が広がることになりました。

[材料] 3〜4人分

肉だんご
- 豚挽き肉 … 200g
- にんにく … 1片（みじん切りにする）
- パン粉（細挽き）… 40g
- 卵 … 1個
- パプリカパウダー … 小さじ2
- 塩 … 小さじ1/2
- 黒こしょう … 少々

グリーンアスパラガス … 4〜5本
米 … 1と1/2カップ
トマトソース（P.11参照）… 大さじ2
チキンスープ（P.10参照）… 3カップ
パプリカパウダー … 小さじ1/2
サフラン … ひとつまみ
塩 … 小さじ1/2
オリーブオイル … 大さじ1
レモン … 適量

[作り方]

❶ 肉だんごを作る。ボウルにすべての材料を入れてよく練り混ぜ、12等分にして丸める。

❷ グリーンアスパラガスはかたい根元を切り落とし、半分に切る。

❸ 小鍋にチキンスープを入れ、温かいうちにサフランを入れて色出しをして塩を加える。

❹ パエリア鍋にオリーブオイルを入れて中火で熱し、肉団子を鍋でやさしく揺すってコロコロ転がせながら全体を焼いて端に寄せる。グリーンアスパラガスを加えてさっと炒める。トマトソースを加えて混ぜるA。米とパプリカパウダーを加え、肉だんごを崩さないように全体を軽く混ぜる。

❺ 熱々の❸を加えB、沸騰したら中火でたまに混ぜながら（途中、具材の位置などを調整する）、5分ほど煮るC。アルミ箔の蓋を被せて弱火で13〜15分煮込む。

❻ 最後に一瞬強火にする。火を止めて10分蒸らす。アルミ箔の蓋を取り、水分が多いようであれば、さらに強火にかけて鍋底でチリチリと音がするまで水分を飛ばし、好みの形に切ったレモンを添える。

ムール貝のパエリア

Paella de mejillones

[材料] 3～4人分

ムール貝 … 12個
エシャロット … 3本
にんにく … 2片
赤唐辛子 … 2本
イタリアンパセリ … 1～2本
トマトソース（P.11参照）… 大さじ2
米 … 1と1/2カップ
パプリカパウダー … 小さじ1/2
サフラン … ひとつまみ
白ワイン … 1/4カップ
塩 … 小さじ1/3
オリーブオイル … 大さじ1
レモン … 適量

[作り方]

❶ ムール貝は流水で洗い、貝殻同士をこすり合わせながら、表面の汚れを取る。さらにきれいに洗い、はみ出した足糸（ヒゲ）は殻に沿って引き抜く。鍋にムール貝と白ワインを入れて中火にかけ、ひと煮立ちしたら弱めの中火にし、蓋をして殻が完全に開くまで5分ほど蒸す。貝と蒸し汁は別にしておく。開かないムール貝は破棄する。

❷ エシャロットとにんにくは粗みじんに切る。

❸ ①の蒸し汁と水（分量外）を合わせ、3カップにする（汚れが入らないように濾すか、もしくは鍋底に汚れが残るように注ぐ）。小鍋に入れて温め、温かいうちにサフランを入れて色出しをして塩を加える。

❹ パエリア鍋にオリーブオイルを入れて弱火で熱し、②と赤唐辛子を炒める。香りが立ったらトマトソースを加えて混ぜる。米とパプリカパウダーを加え、全体を軽く混ぜる。

❺ 熱々の③を加え、沸騰したら中火にしてたまに混ぜながら5分ほど煮る。ムール貝をのせ、アルミ箔の蓋を被せて弱火で13～15分煮込む。

❻ 最後に一瞬強火にする。火を止めて10分蒸らす。アルミ箔の蓋を取り、水分が多いようであれば、さらに強火にかけて鍋底でチリチリと音がするまで水分を飛ばし、イタリアンパセリの葉をのせ、好みの形に切ったレモンを添える。

アロス・コン・コストラ
Arroz con costra（→P.52）

＋ オレンジのサラダ
Ensalada de zanahoria y naranja（→P.85）

仕上げに卵をかけて焼き上げて
表面に"Costra（コストラ）"と呼ばれる卵の層を作る、
バレンシア地方・アリカンテ県南部の伝統料理です。
この料理の歴史は諸説あり、
13〜14世紀にまでさかのぼるとされ、
バレンシア地方の修道女たちが
作り始めたともいわれています。
ちなみに残ったパエリアをココットなどに入れて
同様に作ると、美味しくいただけます。
本来は素焼きの器で作る料理ですが、
最近ではパエリア鍋で作ることも少なくありません。

イカスミのフィデウア

Fideuá negra（→ P.53）

＋ モヘテ **Mojete**（→ P.85）

濃厚なイカスミで煮込み、
パスタにその風味を染み込ませます。
カタルーニャ地方名産のスパークリングワイン、
カヴァとの相性もよく、タパスとしてもぴったり。
バルセロナのバルでもよく見かける一品です。

アロス・コン・コストラ
Arroz con costra

[材料] 3～4人分 *

ソーセージ … 2本
鶏もも肉 … 150g
ひよこ豆水煮 … 30g
卵 … 5個
にんにく … 2片
トマトソース（P.11参照）… 大さじ2
米 … 1と1/2カップ
チキンスープ（P.10参照）… 3カップ
パプリカパウダー … 小さじ1
サフラン … ひとつまみ
オリーブオイル … 大さじ1
塩 … 適量
黒こしょう … 適量

*オーブンに入る大きさのパエリア鍋を使う。

[作り方]

❶ ひよこ豆はチキンスープと一緒に小鍋に入れて火にかけ、温かいうちにサフランを入れて色出しをして塩小さじ1/4を加える。

❷ 鶏肉は小さめのひと口大に切り、塩と黒こしょう各適量をふる。ソーセージは1cm幅に切り、にんにくは粗みじんに切る。

❸ パエリア鍋にオリーブオイルを入れて強火で熱し、鶏肉の全面を焼く。ソーセージとにんにくを加えてさらに炒める。にんにくの香りが立ったらトマトソースを加えて混ぜる。米とパプリカパウダーを加え、軽く混ぜる。オーブンを200℃に予熱する。

❹ 熱々の①を加え、沸騰したら中火にしてたまに混ぜながら5分ほど煮る。

❺ 温めたオーブンに入れ、10分ほど焼く。

❻ 卵を溶き、塩小さじ1/4を加えて混ぜる。⑤をオーブンから取り出し、溶き卵を表面に流し、再びオーブンに入れて半熟状になるまで5分ほど焼く。

イカスミのフィデウア

Fideuá negra

[材料] 3～4人分

イカ … 1杯
玉ねぎ … 1/2個
にんにく … 1片
トマトソース（P.11参照）… 大さじ3
スパゲッティーニ … 120g
魚介スープ（P.27参照）… 4カップ
イカスミペースト … 12g
白ワイン … 大さじ3
オリーブオイル … 大さじ1
塩 … 小さじ1/3
アリオリ（P.39参照）… 適量

[作り方]

❶ スパゲッティーニは長さ2cm程度に折る。

❷ イカはワタを取り除き、皮をむいて胴は2～3cm角に、足は2cm長さに切る。玉ねぎとにんにくは粗みじんに切る。

❸ イカスミペーストは水1/4カップ(分量外)でよく溶かし混ぜる。

❹ 小鍋に魚介スープを入れて火にかけ、③と塩を加える。

❺ パエリア鍋にオリーブオイルを弱火で熱し、玉ねぎを炒める。しんなりとしてきたらにんにくを加えて炒める。にんにくの香りが立ったらイカを加えて中火で炒める。イカに火が通ったら白ワインを加えて煮詰め、さらにトマトソースを加えて混ぜる。

❻ スパゲッティーニを加え、焦がさないように気をつけながら、全体を香ばしく炒める。

❼ 熱々の④を加え、沸騰したら中火で混ぜながら5分ほど煮る。

❽ スパゲティーニの袋に表示された茹で時間を目安にやわらかくなるまでさらに4～5分煮る。途中煮汁が足りなくなったら熱湯を適宜足す。水分が多ければ強火で煮詰める。鍋底でチリチリと音がするまで水分を飛ばし、アリオリを添える。

季節のパエリア

温暖な気候の地中海地方にも、微妙な季節の変化があり、
旬の食材を使ったパエリアを楽しみにしている人も多いです。
そんなスペインの米料理を意識しながら、
日本の旬の素材を使ったパエリアをご紹介します。

[材 料] 3～4人分

ハマグリ … 4個 (砂を抜いておく)

そら豆 … 7本 (正味90g)

長ねぎ … 1本

にんにく … 1片

アーモンドスリーバー
　　(皮なし、皮付き、アーモンドスライスでも) … 20g

米 … 1と1/2カップ

パプリカパウダー … 小さじ1/2

サフラン … ひとつまみ

白ワイン … 大さじ3

塩 … 小さじ1/3

オリーブオイル … 大さじ1

[作 り 方]

❶ そら豆はさやから取り出し薄皮をむく。長ねぎとにんにくは粗みじんに切る。

❷ 鍋に水3カップ (分量外) とハマグリを入れて殻が開くまでアクを取りながら中火で6～8分茹で、取り出す。

❸ 煮汁を一度量り、3カップあるかを確認する。足りなければ水 (分量外) を足す。温かいうちにサフランを入れて色出して塩を加える。

❹ パエリア鍋にオリーブオイルを弱火で熱し、アーモンドを香ばしく炒めて取り出す。

❺ 長ねぎとにんにくを炒める。長ねぎがしんなりとしたら、白ワインを加えて水分がほとんどなくなるまで煮詰める。

❻ 米とパプリカパウダーを加え、全体を軽く混ぜる。

❼ 熱々の③を加え、沸騰したら中火にしてたまに混ぜながら5分ほど煮る。そら豆をのせ、アルミ箔の蓋を被せて弱火で13～15分煮込む。

❽ 最後に一瞬強火にする。火を止めて10分蒸らす。アルミ箔の蓋を取り、水分が多いようであれば、さらに強火にかけて鍋底でチリチリと音がするまで水分を飛ばし、ハマグリとアーモンドをのせる。

春 / Primavera

ハマグリとそら豆のパエリア
Paella de almejas y habas

スペインでも人気のそら豆はパエリアの定番素材。
皮をむくのはひと手間ですが、
ハマグリの旨みと相性がよく、クセになる味わいです。
アーモンドの代わりに松の実を使っても美味。

春 / Primavera

新じゃがいもと
ベーコンのパエリア

Paella de patatas y bacon

小さな新じゃがいもとベーコンを茹でたスープで煮込む、シンプルで簡単にできるやさしい味わいのパエリアです。やわらかくなったベーコンも美味しい。

[材料] 3〜4人分

ベーコン（ブロック）… 100g
新じゃがいも … 小8個
新玉ねぎ … 1/2個（約180g）
イタリアンパセリ … 適量
にんにく … 1片
トマトソース（P.11参照）… 大さじ2
米 … 1と1/2カップ
パプリカパウダー … 小さじ1/2
サフラン … ひとつまみ
塩 … 小さじ1/4
粗びき黒こしょう … 適量
オリーブオイル … 大さじ1

[作り方]

❶ 鍋に水7カップ（分量外）とベーコンを入れて中火にかけ、沸騰したら弱火で15分煮込む。

❷ じゃがいもは皮をむき、①に加えてやわらかくなるまでさらに5分ほど煮る A 。

❸ じゃがいもとベーコンを取り出し、煮汁3カップを取り分け、サフランを加えて色出しして塩を加える。

❹ ③のベーコンは1cm角の拍子木切りにし、玉ねぎはせん切りにし、にんにくは粗みじんに切る。

❺ パエリア鍋にオリーブオイルを入れて弱火で熱し、玉ねぎとにんにくを炒める。玉ねぎがしんなりとしたら、トマトソースを加えて混ぜる。米とパプリカパウダーを加え、全体を軽く混ぜる。

❻ 熱々の③を加えて沸騰したらじゃがいもとベーコンを加える。たまに混ぜながら5分ほど煮る B 。アルミ箔の蓋を被せて弱火で13〜15分煮込む。

❼ 最後に一瞬強火にする。火を止めて10分間蒸らす。アルミ箔の蓋を取り、必要ならばさらに強火でお焦げをつける。粗びき黒こしょうをふり、イタリアンパセリの葉をのせる。

夏 / Verano

イワシとトマトのパエリア

Paella de sardinas y tomates

脂がのった夏の美味しいイワシで作る
歴史あるカタルーニャの米料理です。
トマトの水気が加わり、
少ししっとりと仕上がるパエリアです。

[材料] 3～4人分

イワシ … 4尾
トマト（完熟）… 2個（約400g）
にんにく　2片
パン粉（細挽き）… 大さじ4
トマトソース（P.11参照）… 大さじ2
米 … 1と1/2カップ
魚介スープ（P.27参照）… 3カップ
パプリカパウダー … 小さじ1/2
サフラン … ひとつまみ
薄力粉 … 適量
塩 … 適量
黒こしょう … 適量
オリーブオイル … 大さじ2
レモン … 適量

[作り方]

❶ トマトはヘタを取って1cm厚さの輪切りにし、ペーパータオルで水気をしっかりふく。にんにくは粗みじんに切る。

❷ 小鍋に魚介スープを入れて火にかけ、温かいうちにサフランを入れて色出しをして塩小さじ1/4を加える。

❸ イワシは頭と内臓を取り除いて水洗いし、3枚におろす。水気をふき、塩と黒こしょう各適量をふり、薄力粉を薄くまぶす。

❹ パエリア鍋にオリーブオイルを中火で熱し、イワシの両面をこんがり焼き、一度取り出す。

❺ 同じフライパンににんにくを入れて弱火で炒める。香りが立ったらパン粉を加え、パン粉に油が染み込むようにさっと炒める。トマトソースを加えて混ぜ、米とパプリカパウダーを加えて全体を軽く混ぜる。

❻ 熱々の②を加えて沸騰したら中火にし、たまに混ぜながら5分ほど煮る。トマトとイワシを交互にのせ、アルミ箔の蓋を被せて弱火で13～15分煮込む。

❼ 最後に一瞬強火にする。火を止めて10分蒸らす。アルミ箔の蓋を取り、水分が多いようであれば、さらに強火にかけて鍋底でチリチリと音がするまで水分を飛ばし、好みの形に切ったレモンを添える。

夏 / Verano

なすとズッキーニのパエリア
Paella de berenjena y calabacín

野菜を並べるのに少し時間がかかるので、
スープが煮詰まらないうちに、少々早めに並べてください。
中央のオリーブのマリネはお漬物のような役割です。

[材料] 3〜4人分

米なす … 1/2個
ズッキーニ … 1/2本
黄パプリカ … 1/2個
玉ねぎ … 1/4個
にんにく … 1片
トマト（完熟）… 2個（約400g）
米 … 1と1/2カップ
野菜スープ（P.31参照）＊ … 3カップ
パプリカパウダー … 小さじ1/2
サフラン … ひとつまみ
塩 … 適量
オリーブオイル … 大さじ1〜2
黒オリーブのマリネ（または黒オリーブ）＊＊ … 適量

＊　野菜スープの代わりにチキンスープ（P.10参照）を使っても。
＊＊フライパンにオリーブオイル、レモンとオレンジの皮、にんにくの薄切り、タイムを入れてにんにくがこんがりするまで炒めて火を止める。白ワインビネガーを加えて再度火にかけて煮立たせ、黒オリーブと混ぜ、保存袋などに入れてひと晩置く。

[作り方]

❶ 小鍋に野菜スープを入れて火にかけ、温かいうちにサフランを入れて色出しして塩小さじ2/3を加える。

❷ 米なすは1cm角の拍子木切りにし、変色しないように塩適量を入れた水に10分ほど浸してアクを抜き、水気をしっかりふく。ズッキーニと黄パプリカも同様の大きさに切る。玉ねぎとにんにくは粗みじんに切る。トマトは横半分に切り、皮が残るまですりおろす。

❸ パエリア鍋にオリーブオイル大さじ1を入れて弱めの中火で熱し、米なす、ズッキーニ、黄パプリカをそれぞれの全面がこんがりとするまで炒めて一度取り出す。オリーブオイルが足りないようなら適宜足し、玉ねぎとにんにくを弱火で炒める。にんにくの香りが立ったらトマトを加えて水分がなくなるまで煮詰める。米とパプリカパウダーを加えて全体を軽く混ぜる。

❹ 熱々の①を加え、沸騰したら中火にしてたまに混ぜながら5分ほど煮る A 。炒めた野菜を放射状に並べ B 、アルミ箔の蓋を被せて弱火で13〜15分煮込む。

❺ 最後に一瞬強火にする。火を止めて10分蒸らす。アルミ箔の蓋を取り、水分が多いようであれば、さらに強火にかけて鍋底でチリチリと音がするまで水分を飛ばし、中央に黒オリーブのマリネをのせる。

秋 / Otoño

栗と豚肉のパエリア
Paella de castañas y panceta

甘く香り豊かな栗と豚バラ肉のバランスがよいパエリア。
秋の訪れを実感させてくれる我が家の定番料理です。
栗むきもこのパエリアのためなら楽しくなります。

［材料］3〜4人分

栗（茹で栗）＊ … 10個
豚バラ肉（ブロック） … 150g
松の実 … 20g
にんにく … 2片
トマトソース（P.11参照） … 大さじ2
米 … 1と1/2カップ
チキンスープ（P.10参照） … 3カップ
パプリカパウダー … 小さじ1/2
サフラン … ひとつまみ
塩 … 適量
粗挽き黒こしょう … 適量
オリーブオイル … 大さじ2

＊たっぷりの水で30分以上茹で、そのまま粗熱を取って鬼皮と渋皮をむく。

[作り方]

❶ 小鍋にチキンスープを入れて温め、サフランを入れて色出しをして塩小さじ1/2を加える。

❷ 豚バラ肉は1cm角の拍子木切りにし、塩と粗挽き黒こしょう各適量をふる。

❸ にんにくは粗みじんに切り、すり鉢に入れてする。松の実を加えて粗く砕く（全体の半量ほどを砕く）Ⓐ。

❹ パエリア鍋にオリーブオイルを入れて中火で熱し、豚肉をこんがりと炒める。

❺ トマトソースを加えて混ぜる。米とパプリカパウダーを加えて全体を軽く混ぜる。

❻ 熱々の①を加え、沸騰したら③を加えてたまに混ぜながら中火で5分ほど煮る。栗を軽く埋め込むようにのせ、アルミ箔の蓋を被せて弱火で13〜15分煮込む。

❼ 最後に一瞬強火にする。火を止めて10分蒸らす。アルミ箔の蓋を取り、水分が多いようであれば、さらに強火で鍋底でチリチリと音がするまで水分を飛ばし、粗挽き黒こしょうをふる。

秋/Otoño

サンマとしし唐辛子の
パエリア

Paella de sanma y pimeinto shishito

秋の風物詩であるサンマを楽しむパエリアです。
サンマのないスペインでは、サバの三枚おろしで作ります。
旬のしし唐辛子とパエリアの相性も抜群です。

[材料] 3〜4人分

サンマ … 2尾
しし唐辛子 … 8本
にんにく … 1片
トマトソース（P.11参照）… 大さじ2
米 … 1と1/2カップ
魚介スープ（P.27参照）… 3カップ
サフラン … ひとつまみ
パプリカパウダー … 小さじ1/2
塩 … 適量
オリーブオイル … 大さじ1
ローズマリー … 1本
レモン … 適量

[作り方]

❶ 小鍋に魚介スープを入れて火にかけ、温かいうちにサフランを入れて色出しをして塩小さじ1/2を加える。

❷ サンマは塩適量をふる。しし唐辛子は爪楊枝で数か所穴を開ける。にんにくは粗みじんに切る。

❸ パエリア鍋にオリーブオイルを入れて中火で熱し、しし唐辛子を焼き色がつくまで炒めて一度取り出す。

❹ 足りなければオリーブオイルを適宜足し、にんにくを炒める。にんにくの香りが立ったらトマトソースを加えて混ぜる。米とパプリカパウダーを加えて全体を軽く混ぜる。

❺ 熱々の①を加え、沸騰したら中火にしてたまに混ぜながら5分ほど煮る。弱火にし、アルミ箔の蓋を被せて弱火で13〜15分煮込む。

❻ 最後に一瞬強火にする。火を止めて10分蒸らす。

❼ サンマはロースターまたは200℃に温めたオーブンでこんがり焼く。

❽ ⑥のアルミ箔の蓋を取り、水分が多いようであれば、さらに強火にかけて鍋底でチリチリと音がするまで水分を飛ばし、焼いたサンマとしし唐辛子をのせ、ローズマリーと好みの形に切ったレモンを添える。

冬 / Invierno

[材料] 3～4人分

タラ（切り身）… 2切れ
カリフラワー … 1/4株（約125g）
にんにく … 1片
タラゴンの葉 … 7～8枚
トマト（完熟）… 1個（約200g）
米 … 1と1/2カップ
魚介スープ（P.27参照）… 3カップ
パプリカパウダー … 小さじ1/2
サフラン … ひとつまみ
塩 … 適量
オリーブオイル … 大さじ1

[作り方]

❶ 小鍋に魚介スープを入れて火にかけ、温かいうちにサフランを入れて色出しをして塩小さじ1/2を加える。

❷ タラは塩適量をふり、30分以上置く。食べやすい大きさに切り、あれば骨を取り除く。カリフラワーは小房に分ける。にんにくは粗みじんに切る。トマトは横半分に切り、皮が残るまですりおろす。

❸ パエリア鍋にオリーブオイルを入れて弱火で熱し、カリフラワーとにんにくを炒める。にんにくの香りが立ったらトマトを加えて水分がなくなるまで煮詰める。米とパプリカパウダーを加えて全体を軽く混ぜる。

❹ 熱々の①を加え、沸騰したら中火にしてタラを加え、たまに混ぜながら5分ほど煮る。カリフラワーとタラを中心に交互に並べ、アルミ箔の蓋を被せて弱火で13～15分煮込む。

❺ 最後に一瞬強火にする。火を止めて10分蒸らす。アルミ箔の蓋を取り、水分が多いようであれば、さらに強火で鍋底でチリチリと音がするまで水分を飛ばし、タラゴンの葉を飾る。

タラと カリフラワーの パエリア

Paella de bacalao fresco y coliflor

もともとは干しダラで作る
アリカンテの米料理ですが、
旬の生ダラで作ると、
また違った味のパエリアに仕上がります。
ぜひ、熱々を食卓に。

帆立と長ねぎのパエリア
Paella de vieiras y puerros

帆立と長ねぎのやさしい甘みに、香ばしく焼いた生ハムの塩気。
それぞれの旨みが絶妙に調和し、米の美味しさを引き立てます。

[材料] 3〜4人分

帆立貝柱 … 6個
生ハム … 2枚
長ねぎ … 1本
にんにく … 2片
トマトソース（P.11参照）… 大さじ2
米 … 1と1/2カップ
魚介スープ（P.27参照）… 3カップ
パプリカパウダー … 小さじ1/2
サフラン … ひとつまみ
白ワイン … 大さじ3
塩 … 小さじ1/3
粗挽き黒こしょう … 少々
オリーブオイル … 大さじ1

[作り方]

❶ 小鍋に魚介スープを入れて火にかけ、温かいうちにサフランを入れて色出しをして塩を加える。

❷ 長ねぎは5cm長さに切る。にんにくは粗みじんに切り、生ハムは食べやすい大きさに切る。

❸ パエリア鍋にオリーブオイル大さじ1/2を弱火で温め、生ハムの両面をカリッとなる程度にさっと焼いて取り出す。

❹ 残りのオリーブオイル大さじ1/2を加え、長ねぎと帆立を焼く A 。帆立の両面はさっと焼いて一度取り出す。

❺ トマトソースと白ワインを加えて混ぜ、煮詰める。米とパプリカパウダーを加えて全体を軽く混ぜる。

❻ 熱々の①を加え、沸騰したら中火にしてたまに混ぜながら5分ほど煮る。アルミ箔の蓋を被せて弱火で13〜15分煮込む。

❼ 最後に一瞬強火にする。火を止めて10分蒸らす。アルミ箔の蓋を取り、水分が多いようであれば、さらに強火で鍋底でチリチリと音がするまで水分を飛ばす。焼いた帆立と生ハムをのせ、粗挽き黒こしょうをふる。

タコのパエリア
Paella de pulpo（→P.74）

+ ヒルダ Gilda con queso（→P.86）
ミニトマトのグラスサラダ
Ensalada de tomates en vasito（→P.86）

生ダコのスープで煮込んだ、風味豊かな米としっとりとしたタコのコンビネーションが贅沢なパエリアです。

おもてなしのパエリア

できたてのパエリアを食卓へ運ぶと、うれしい歓声が上がります。
そんな声が聞きたいので、いつもより具材にこだわったり、少し手をかけたり。
簡単なピンチョスとパエリアで、楽しい時間を過ごしてください。

紳士のパエリア

Arroz del senyoret(→P.75)

＋ サーモンとアスパラガスのピンチョス
　Pintxos de salmón y espárragos（→P.87）
　マッシュルームの詰め物
　Champiñones con jamón（→P.87）

50年代に沿岸ビーチのレストランで
上流階級の御曹子がパエリアの魚介を
食べやすくしてほしいと
注文したのが始まりだという、
バレンシア語で「若い紳士」という
殻や骨が取り除かれた魚介のパエリア。
名高い画家・ソロージャの若き頃という説も。

73

タコのパエリア
Paella de pulpo

[材料] 3〜4人分

生ダコ … 400g
赤パプリカ … 1個
ピーマン … 小1個
玉ねぎ … 1/2個
にんにく … 1片
トマトソース（P.11参照）… 大さじ2
米 … 1と1/2カップ
パプリカパウダー … 小さじ1/2
サフラン … ひとつまみ
白ワイン … 大さじ3
塩 … 適量
オリーブオイル … 大さじ1
レモン … 適量

[作り方]

❶ タコのスープを取る。タコは塩適量でよくもみ洗いをし、水でぬめりを洗い流し、前もって冷凍しておく（冷凍することで、やわらかくなる）。

❷ 鍋にたっぷりの湯を沸かし、凍ったタコをそのまま入れる。再び沸騰したら5分ほど茹でる。

❸ 小鍋に茹で汁3カップを入れ、温かいうちにサフランを入れて色出しをして塩小さじ1/3を加える。

❹ 赤パプリカ、ピーマン、玉ねぎ、にんにくは粗みじんに切る。

❺ パエリア鍋にオリーブオイルを入れて弱火で熱し、玉ねぎをゆっくり炒める。玉ねぎがしんなりとしてきたら、赤パプリカ、ピーマン、にんにくを加えてさらにじっくり炒める。野菜がしんなりとしたらトマトソースを加えて混ぜる。さらに白ワインを加えて水分がほとんどなくなるまで煮詰める。米とパプリカパウダーを加えて全体を軽く混ぜる。

❻ 熱々の③を加え、沸騰したら中火にしてたまに混ぜながら5分ほど煮る。

❼ タコをのせ、アルミ箔の蓋を被せて弱火で13〜15分煮込む。

❽ 最後に一瞬強火にする。火を止めて10分蒸らす。アルミ箔の蓋を取り、水分が多いようであれば、さらに強火にかけて鍋底でチリチリと音がするまで水分を飛ばし、好みの形に切ったレモンを添える。

紳士のパエリア

Arroz del senyoret

「アロス・ア・バンダ」

スペインにはパエリアのほかにもさまざまな美味しい米料理があります。アリカンテの伝統料理「アロス・ア・バンダ」もそのひとつ。

船乗りの料理が起源で、魚介とじゃがいも、トマトなどを煮込んだスープで炊いた米と、その具材をバンダ（別々）に食べる、出汁と炊き具合が大勝負となる米好きにはたまらない料理です。炊き上がった米の赤褐色は濃厚なスープと「ニョラ」の色。ニョラとは「ボール」の愛称もある小さな乾燥赤ピーマンで、水で戻して果肉をこそげ取って使います。

その濃厚な風味はムルシア地方やアリカンテの米料理には不可欠です。30年前、アリカンテの漁村で初めて食べた「アロス・ア・バンダ」はシンプルな出汁ご飯と魚介の味が染み込んだ野菜の味わいが新鮮な驚きでした。当時は都心のアロセリアにもあり、注文すると米料理の通になった気がしたものです。ところが今はお店ではメニューにはあっても、具材をつけないことが多いため、これを「紳士のパエリア」と混同する人が続出しています。

[材料] 3〜4人分

むき海老 … 6〜7尾
イカ … 1杯
アサリ … 100g（砂を抜いておく）
にんにく … 1片（粗みじん切りにする）
トマトソース（P.11参照）… 大さじ2
米 … 1と1/2カップ
魚介スープ（P.27参照）… 3カップ
パプリカパウダー … 小さじ1/2
サフラン … ひとつまみ
塩 … 小さじ1/5
オリーブオイル … 大さじ2
レモン … 適量

[作り方]

❶ 魚介スープとアサリを鍋に入れ、アサリの殻が開いたら取り出し、殻から身を外す。

❷ 煮汁を一度量り、3カップにする。足りなければ水（分量外）を足す。温かいうちにサフランを入れて色出して塩を加える。

❸ イカはワタを取り除き、皮をむいて胴は1〜2cm角に切り、足は2cm長さに切る。

❹ パエリア鍋にオリーブオイルを入れて中火で熱し、むき海老の両面をさっと焼いて一度取り出す。

❺ イカとにんにくを加えて炒める。にんにくの香りが立ったらトマトソースを加えて混ぜる。米とパプリカパウダーを加え、全体を軽く混ぜる。

❻ 熱々の②を加えて沸騰したら中火にしてたまに混ぜながら5分ほど煮る。むき海老をのせてアルミ箔の蓋を被せて弱火で13〜15分煮込む。

❼ 最後に一瞬強火にする。火を止めて10分蒸らす。アルミ箔の蓋を取り、水分が多いようであれば、さらに強火にかけて鍋底でチリチリと音がするまで水分を飛ばし、アサリをのせる。好みの形に切ったレモンを添える。

鴨のパエリア

Paella de pato y setas(→ P.78)

✛ デーツのベーコン巻き
　Dátiles rellenos de almendras con bacon（→ P.88）
　タコのガリシア風とマッシュポテト
　Pulpo gallega con puré de patata（→ P.88）

伝統的なパエリアのひとつで、
パエリアの故郷アルブフェラ湖に多く
棲息する鴨で作られていました。
今は狩猟期によく使われる贅沢な食材です。

77

鴨のパエリア

Paella de pato y setas

[材料] 3 ～ 4 人分

鴨ロース肉 … 400g

生しいたけ … 6 個

エリンギ … 2 本

にんにく … 2 片

ローズマリー … 2 本

トマトソース（P.11参照）… 大さじ3

米 … 1 と1/2 カップ

チキンスープ（P.10参照）… 3 カップ

パプリカパウダー … 小さじ1/2

サフラン … ひとつまみ

塩 … 小さじ1/4

Memo

チキンスープの代わりに合鴨ガラが手に
入れば、チキンスープの要領で鴨スープ
を作ってもよい。より濃厚な鴨の風味を
楽しめるパエリアになる。

[作り方]

❶ 小鍋にチキンスープを入れて温め、サフランを入
れて色出しをして塩を加える。

❷ 鴨肉は室温に戻し、キッチンペーパーで水気をふ
き取る。余分な脂と筋は取り除き、取り置く。皮目
に包丁で格子状の切り目を入れる。

❸ 生しいたけは石づきのかたい部分を切り落とし、
大きければ半分に切る。エリンギは半分の長さに
切り、さらに縦半分に切る。にんにくは粗みじんに
切る。

❹ パエリア鍋に皮目を下にして鴨肉を入れ、油を引
かずに弱めの中火で3分ほど焼く。脂が出てカ
リッと焼けたら裏返し、②の脂と筋を加え、さらに
3分ほど焼いて脂を出す。鴨肉は一度取り出す。

❺ 鴨から出た脂で生しいたけ、エリンギ、にんにくを
炒める。にんにくの香りが立ったらトマトソースを
加えて混ぜる。米とパプリカパウダーを加えて全体
を軽く混ぜる。

❻ 熱々の①を加え、沸騰したら5分ほどたまに混ぜ
ながら煮る。焼いた鴨肉をのせ、アルミ箔の蓋を
被せて弱火で13 ～ 15分煮込む。

❼ 最後に一瞬強火にする。火を止めて10分蒸ら
す。アルミ箔の蓋を取り、水分が多いようであれ
ば、さらに強火で鍋底でチリチリと音がするまで
水分を飛ばす。

伊勢海老のパエリア
Paella de langosta（→ P.82）

✚ 生ハムとクレソンのカナッペ
　Canape de berro y jamón（→ P.89）
　スペイン風デビルドエッグ
　Huevos rellenos（→ P.89）

スペインではロブスターや伊勢海老の
米料理が名高く、贅沢な料理のひとつです。
ガリシア地方とムルシア地方で味わった
豪華な米料理の美味しさは未だ忘れられません。

伊勢海老のパエリア

Paella de langosta

[材料] 3～4人分

伊勢海老（またはロブスター）… 1尾（約500g）

赤パプリカ … 1個

ピーマン … 1個

玉ねぎ … 1/2個

にんにく … 2片

トマト（完熟）… 2個（約400g）

米 … 1と1/2カップ

魚介スープ（P.27参照）… 3カップ

パプリカパウダー … 小さじ1/2

サフラン … ひとつまみ

白ワイン … 大さじ3

オリーブオイル … 大さじ2

塩 … 小さじ1/4

レモン … 適量

[作り方]

❶ 小鍋に魚介スープを入れて火にかけ、温かいうちにサフランを入れて色出しをして塩を加える。

❷ 赤パプリカ、ピーマン、玉ねぎ、にんにくは粗みじんに切る。トマトは横半分に切り、皮が残るまですりおろす。

❸ 伊勢海老は流水でよく洗う（その後数分程度冷凍すると処理しやすい）。頭と胴の接合部分に包丁を入れ、縦半分に切る。

❹ パエリア鍋にオリーブオイルを入れて中火で熱し、伊勢海老を焼く。殻が赤くなり、身が白くなるまで焼いたら一度取り出す。

❺ 赤パプリカ、ピーマン、玉ねぎ、にんにくを弱火でしんなりとするまでゆっくりと炒める。香りが立ったらトマトを加えて水分がなくなるまで煮詰める、さらに白ワインを加えて水分がほとんとなくなるまで煮詰める。米とパプリカパウダーを加えて全体を軽く混ぜる。

❻ 熱々の①を加え、沸騰したら中火にしてた伊勢海老をのせ、5分ほど煮る。アルミ箔の蓋を被せて弱火で13～15分煮込む。

❼ 最後に一瞬強火にする。火を止めて10分蒸らす。アルミ箔の蓋を取り、水分が多いようであれば、さらに強火にかけて鍋底でチリチリと音がするまで水分を飛ばし、好みの形に切ったレモンを添える。

パエリアのおとも「サラダとスープ」

主役のパエリアにとって、爽やかなサラダは大切なおともです。スペインの個性的なスープもパエリアの濃厚な味わいをさっぱりと引き立ててくれます。

ガスパチョ
Gazpacho

ガスパチョはサラダ感覚でトッピングをたっぷりと。

[材料] 4人分

- トマト（完熟）… 2と1/2個（約500g）
- きゅうり … 1本
- ピーマン … 小1個
- 玉ねぎ … 1/4個
- にんにく … 少々（すりおろす）
- 食パン（8枚切り）
    … 1枚（耳を切り落とす）
- オリーブオイル … 大さじ3
- 白ワインビネガー … 大さじ2
- 塩 … 小さじ1/4
- トッピング（トマト、きゅうり、ピーマンなど）
    … 適量（小さい角切りにする）

[作り方]

1. きゅうりは皮をむき、トマト、ピーマン、玉ねぎとともにざく切りにする。
2. ①、にんにく、食パン、水1/2カップ（分量外）をミキサーまたはブレンダーで滑らかになるまで撹拌する。
3. オリーブオイルを少しずつ加え、さらに撹拌する。
4. 白ワインビネガーと塩を加え、味を調えて冷蔵庫で冷やす。
5. グラスに盛り、トッピング用の野菜を添える。

ドライフルーツのサラダ
Ensalada con frutos secos

さらにアーモンドや松の実を加えても。

[材料] 3〜4人分

- ベビーリーフ … 200g
- マッシュルーム … 6〜7個
- 干しぶどう … 大さじ1
- くるみ … 25g
- にんにく … 1片分
- オリーブオイル … 大さじ4
- 枝付きケッパーベリー（酢漬け）
    … 6本
- レモン果汁 … 1/2〜1個分
- 塩 … 適量
- 黒こしょう … 適量

[作り方]

1. ベビーリーフは水にさらしてパリッとさせる。マッシュルームは石づきを切り落とし、薄切りにしてレモン果汁適量をふる。くるみは粗みじん切り、にんにくはみじん切りにする。
2. フライパンにオリーブオイルとにんにくを入れて弱火で炒める。香りが立ったら干しぶどうとくるみを加えてぶどうがぷっくり膨らむまで炒める。
3. 皿にベビーリーフ、マッシュルーム、②、枝付きケッパーベリーをのせ、レモン果汁をかけ、塩と黒こしょうをふる。

じゃがいものサラダ
Patatas aliñadas

カディスの伝統的なサラダ。ツナや茹で卵を加えても。

[材料] 3〜4人分

- じゃがいも … 大2個（約400g）
- 玉ねぎ … 1/4個
- イタリアンパセリのみじん切り
    … 大さじ1
- オリーブオイル … 大さじ2と1/2
- 白ワインビネガー
    … 大さじ1と1/2
- 塩 … 適量
- 黒こしょう … 適量

[作り方]

1. じゃがいもは皮付きのままたっぷりの水から20分ほど茹でる。竹串を刺し、中まで火が通ったら皮をむき、食べやすい大きさに切る。
2. 玉ねぎは粗みじんに切り、辛いようなら水にさらして水気をしっかり絞る。
3. ボウルに①と②を入れて混ぜる。オリーブオイルと白ワインビネガーで和え、塩と黒こしょうで味を調え、イタリアンパセリを加えて混ぜる。

[材料] 2～3人分

ズッキーニ … 2本
じゃがいも … 1個（約120g）
長ねぎ … 1本（約120g）
バター … 10g
プロセスチーズ … 約35g
チキンスープ（P.10参照）
　　… 2と1/2カップ
塩 … 小さじ1/2
白こしょう … 少々

[作り方]

❶ ズッキーニは皮をむき、薄切りにする。じゃがいもは皮をむき、同様に薄切りにする。長ねぎは粗みじんに切る。

❷ 鍋にバターを入れて弱火で溶かし、①を炒める。長ねぎがしんなりとしたら、チキンスープを加え、蓋をして中火で10～12分煮る。

❸ プロセスチーズをちぎって加え、塩と白こしょうで味を調え、ミキサーまたはブレンダーでクリーム状に撹拌し、冷蔵庫で冷やす。

ズッキーニのビシソワーズ
Crema fría de calabacín

スペインの家庭で定番のスープ。
温めても美味しいです。

[材料] 3～4人分

にんじん … 1本
オレンジ … 2個
黒オリーブ（種抜き）… 6個
レモン果汁 … 1/4個分
オリーブオイル … 大さじ1/2
塩 … 小さじ1/2
黒こしょう … 少々

[作り方]

❶ にんじんはせん切りにする。ボウルに入れて塩を加え、しんなりとするまで軽くもむ。

❷ オレンジは皮を厚めにむき、薄皮と実の間に包丁を入れて果肉を取り出す。作業途中で出てきた果汁は取り置く。

❸ ボウルに①、②の果肉と果汁、黒オリーブ、オリーブオイルを加えて和え、レモン果汁と黒こしょうで味を調える。

オレンジのサラダ
Ensalada de zanahoria y naranja

大好きだったアロセリア
(米料理専門店)の
甘酸っぱい定番サラダです。

[材料] 4人分

トマト（完熟）… 2個（約400g）
玉ねぎ … 1/4個
ツナ … 70g
茹で卵 … 1個
グリーンオリーブ（種抜き）… 6個
オリーブオイル … 大さじ2
白ワインビネガー … 大さじ1
クミンパウダー … 小さじ1/2
塩 … 適量
黒しょう … 適量

[作り方]

❶ トマトは皮をむき、ぶつ切りにし、フォークで粗く潰す。玉ねぎはせん切りにする。ツナは缶から取り出して油をきる。

❷ ボウルに①を入れて混ぜ、オリーブオイル、白ワインビネガー、クミンパウダーを加えて混ぜ、塩と黒こしょうで味を調える。

❸ 皿に②を盛り、グリーンオリーブ、4等分のくし形に切った茹で卵をのせる。

モヘテ
Mojete

ムルシア地方の伝統料理。
キリッと冷やすと美味しいです。

パエリアのおとも「サイドメニュー」

おもてなしのパエリアは少し手もかかるし、前菜は前もって準備できる簡単なピンチョスがおすすめです。みんなが集まってから作るので、

ミニトマトのグラスサラダ

Ensalada de tomates en vasito

シンプルながら、いつも人気の
ピンチョス感覚のサラダです。

[材料] 4人分

ミニカラートマト … 16個
青唐辛子 … 1本
レモン果汁 … 1/2個分
塩 … 適量
黒こしょう … 適量
オリーブオイル … 大さじ3

[作り方]

❶ ミニトマトは半分に切る。青唐辛子は縦半分に切り、種を取り除いてみじん切りにする。

❷ ボウルに①とオリーブオイルを混ぜ、レモン果汁、塩、黒こしょうで味を調える。

ヒルダ

Gilda con queso

バスクでお馴染みのピンチョス。
バルでは欠かせない一品です。

[材料] 作りやすい分量

黒オリーブ（スタッフドオリーブ ピメント）… 適量
モッツアレラチーズ（チェリータイプ）… 適量
ピクルス（コルニッション）… 適量
枝付きケッパーベリー（酢漬け）… 適量
アンチョビフィレ … 適量

[作り方]

それぞれを好みの組み合わせで竹串か爪楊枝に刺す。

サーモンとアスパラガスのピンチョス
Pintxos de salmón y espárragos

前菜として、タパスとして大活躍するピンチョスです。

[材料] 6本分

グリーンオリーブ（種抜き）… 6個
スモークサーモン … 6枚
ホワイトアスパラガス水煮 … 3本
ミニトマト … 6個
A 玉ねぎのみじん切り … 1/4個分
　イタリアンパセリのみじん切り
　　… 大さじ1
　オリーブオイル … 大さじ2
　白ワインビネガー … 大さじ1
　塩 … 適量
　黒こしょう … 適量

[作り方]

❶ ホワイトアスパラガスは半分に切る。

❷ グリーンオリーブ、スモークサーモン、ホワイトアスパラガス、ミニトマトを竹串に刺して皿に盛る。

❸ Aを混ぜ合わせ、②にまんべんなくかける。

マッシュルームの詰め物
Champiñones con jamón

ジューシーなマッシュルームがうれしい定番のタパスです。

[材料] 8個分

マッシュルーム … 8個
ベーコン（ブロック）… 50g
にんにく … 1〜2片
パン粉（細挽き）… 大さじ1
イタリアンパセリのみじん切り … 大さじ1
レモン果汁 … 1/2個分
シェリー酒（または白ワイン）… 大さじ2
塩 … 適量
黒こしょう … 適量
オリーブオイル … 大さじ1

[作り方]

❶ マッシュルームはペーパータオルで汚れをふいて軸を外す。外した軸とにんにくはみじん切りにし、ベーコンは5mm角に切る。

❷ フライパンにオリーブオイルとみじん切りにした軸、にんにく、ベーコンを入れ、弱めの中火で炒める。にんにくの香りが立ったらパン粉を加えて炒め合わせ、シェリー酒、塩、黒こしょうで味を調える。

❸ ②をマッシュルームのカサに詰め、イタリアンパセリとレモン果汁をふる。

❹ オーブントースターでこんがりするまで焼く。

デーツの ベーコン巻き

Dátiles rellenos de almendras con bacon

甘さと塩気が組み合わさった
エキゾチックな前菜です。

[材料] 8個分

デーツ … 8個

アーモンド … 8個

ベーコン … 8枚

オリーブオイル … 小さじ1

[作り方]

❶ デーツは種があれば切り目を入れて取り出し、そこにアーモンドを詰める。ベーコンで巻き、爪楊枝で留める。

❷ フライパンにオリーブオイルを入れて中火で熱し、①の全面をこんがり焼く。

タコのガリシア風と マッシュポテト

Pulpo gallega con puré de patata

パプリカパウダーが決め手の
「タコのガリシア風」を小さなグラスで。

[材料] 100mlのグラス・5個分

茹でタコ … 100g

マッシュポテト
　じゃがいも … 2個（約240g）
　塩 … 小さじ1/6
　黒こしょう … 適量
　オリーブオイル … 大さじ1/2

パプリカオイル
　パプリカパウダー … 小さじ1/4
　オリーブオイル … 大さじ1
　塩 … 小さじ1/6

[作り方]

❶ タコは厚さ3mm程度に切る。

❷ マッシュポテトを作る。じゃがいもは皮をむいて薄切りにし、鍋に入れてひたひたの水を加えて茹でる。崩れる程度にやわらかく茹でたら水を捨て、マッシャーなどで潰し、塩、黒こしょう、オリーブオイルを加えて混ぜる。

❸ パプリカオイルを作る。小皿にすべての材料を入れ、塩が溶けるようによく混ぜる。

❹ グラスに②を詰め、タコをのせ、パプリカオイルをかける。

生ハムと
クレソンのカナッペ

Canape de berro y jamón

重ねるだけで彩りよく、
手間いらずの簡単カナッペ。

[材料] 4人分

生ハム … 4枚
クレソン … 1束
バゲットスライス（1cm厚さ）… 4枚
オリーブオイル … 小さじ4

[作り方]

❶ クレソンは食べやすい長さに切る。生ハムは3〜4等分に切る。

❷ バゲットに生ハムとクレソンを交互に重ねる。

❸ オリーブオイルを小さじ1ずつかける。

スペイン風
デビルドエッグ

Huevos rellenos

定番タパスとして親しまれる
見た目も華やかな一品です。

[材料] 8個分

卵 … 4個
アンチョビフィレ … 3枚
ツナ … 70g
にんにく … 1/2片
マヨネーズ … 大さじ2
トマトソース（P.11参照）… 大さじ1
塩 … 適量
黒こしょう … 適量

[作り方]

❶ 卵は固茹でにする。横半分に切り、黄身をくり抜く。

❷ アンチョビフィレはみじん切りにし、ツナは缶から取り出して油をきり、にんにくはすりおろす。

❸ ボウルに①の黄身半量、②、マヨネーズ、トマトソースを入れて混ぜ、塩と黒こしょうで味を調える。

❹ 卵に③を詰めて器に盛り、残りの黄身半量をザルで裏濾ししたものをかける。

パエリアと楽しむ「ドリンクとデザート」

特別な日やおもてなしには、パエリアに合う白ワインやカヴァに少し手を加えて。食後の楽しみのデザートも、簡単でスペインらしいものを合わせます。

サングリア
Sangría

食卓に彩りが加わります。
長く漬け込まないのがポイントです。

[材料] 4〜5人分

赤ワイン … 1本（750mℓ）
オレンジ … 2個
レモン … 1個
グラニュー糖 … 大さじ2〜3
シナモンスティック … 1本

[作り方]

❶ オレンジ1個は果汁を搾り、皮は飾り用に長くなるように皮をむく。

❷ 残りのオレンジは皮ごと大きめの角切りにし、レモンは輪切りにする。

❸ ピッチャーにオレンジ果汁とグラニュー糖を入れて混ぜ、グラニュー糖を溶かす。赤ワイン、シナモンスティック、②を加えて軽く混ぜて冷蔵庫で冷やす。

❹ ①のオレンジの皮をピッチャーの取っ手に巻きつけるように飾る。好みで氷（分量外）を加えてもよい。

アグア・デ・バレンシア
Agua de valencia

バレンシア生まれのカクテルは、
好みでウォッカやジンを加えることも。

[材料] 4〜5人分

カヴァ（ブリュット）＊ … 1本（750mℓ）
オレンジ果汁 … 4個分
ラム酒 … 大さじ4
グラニュー糖 … 大さじ3
＊冷蔵庫で冷やしておく。

[作り方]

❶ ピッチャーにオレンジ果汁、ラム酒、グラニュー糖を入れ、かき混ぜて溶かす。

❷ 冷やしたカヴァを注ぎ、さっと混ぜる。好みで氷（分量外）を加えてもよい。

夏の赤ワイン
Tinto de verano

スペインの人たちは赤ワイン好き。
夏には甘い炭酸水でアレンジします。

[材料] 作りやすい分量

赤ワイン … 適量
ソーダ（甘いもの）… 適量
レモン果汁 … 適量
レモンの輪切り … 適量
氷 … 適宜

[作り方]

❶ グラスに好みの量の赤ワインとソーダを注ぎ、レモン果汁を加えて混ぜる。
❷ レモンの輪切りを浮かべる。好みで氷（分量外）を加えてもよい。

クララ
La clara

その澄んだ色合いからスペイン語で
「クララ（明るい、透明な）」と呼ばれています。

[材料] 作りやすい分量

ビール … 適量
レモネード（またはレモンソーダ）… 適量

[作り方]

グラスに好みの量のビールとレモネードを注いで混ぜる。

シナモンシャーベット
Sorbete de canela

スパイスの香りが爽やかで、季節を問わず楽しめます。

[材料] 4人分

水 … 2カップ
グラニュー糖 … 75g
シナモンパウダー … 小さじ1
シナモンスティック … 1本
塩 … ひとつまみ

[作り方]

❶ 鍋に水以外の材料を入れてよく混ぜる。
❷ 水を加え、中火にかけてグラニュー糖を混ぜながら溶かす。
❸ 粗熱を取り、保存容器に入れて冷凍室で凍らせる。
❹ ある程度かたまったら、フォークで砕いて冷凍室でもう一度凍らせる。再度繰り返す。

[材料] 容量120mlのココット・6個分

デーツ（種抜き）… 100g
卵 … 1個（卵黄と卵白に分ける）
生クリーム … 100g
牛乳 … 1/2カップ
バニラエッセンス … 小さじ1/2
粉ゼラチン … 2.5g（水大さじ1〈分量外〉でふやかす）
ブランデー … 小さじ1

[作り方]

❶ 小鍋に牛乳とバニラエッセンスを入れて温める。ふやかした粉ゼラチンを加えて溶かし混ぜ、火を止める。
❷ ボウルに①、デーツ、卵黄、ブランデーを入れ、ブレンダーでピューレ状に撹拌する。ボウルに移し、氷水に当てながらゴムベラで混ぜてとろみをつける。
❸ 別のボウルに生クリームを泡立て、②に加えて混ぜる。
❹ 洗って水気をよくふいたボウルに卵白を入れてかたく泡立て、③に加えてゴムベラでさっくり混ぜ合わせる。ココットに等分に流し入れ、冷蔵庫で冷やしかためる。

デーツのムース
Mousse de dátiles

濃厚ながら軽やかな口当たり。
デーツの甘みだけで作ります。

オレンジプリン
Flan de naranja

スペインの人たちはプリン好き。
食後のデザートらしく、オレンジ風味に仕上げました。

[材料] 容量100mlのプリン型・6個分

卵 … 2個
卵黄 … 2個
オレンジ果汁 … 150ml（約2個分）
レモン果汁 … 20ml
オレンジの皮のすりおろし … 1/4個分
エバミルク … 大さじ6
グラニュー糖 … 大さじ2
コアントロー … 大さじ1
カラメル
　グラニュー糖 … 大さじ4
　水 … 大さじ2
オレンジ … 1個

[作り方]

❶ オーブンを180℃に温める。

❷ カラメルを作る。小鍋にグラニュー糖を入れて中火で熱する。煮詰まり、キツネ色になったら火を止め、水を加えて再度中火にかける。鍋を回しながら混ぜ、とろみがついたら型に流し入れる。

❸ ボウルに卵と卵黄を入れて溶かし混ぜ、オレンジとレモンの果汁、オレンジの皮、エバミルク、グラニュー糖、コアントローを加えて泡立て器でよく混ぜる。②の型に流し入れる。

❹ 天板に型を並べて熱湯をひたひたに注ぎ、オーブンの温度を160℃に落として20分ほど湯煎焼きにする。

❺ オーブンから出して粗熱を取り、冷蔵庫で冷やす。

❻ オレンジは皮を厚めにむき、薄皮と実の間に包丁を入れて果肉を取り出す。

❼ 型からプリンを取り出して皿にのせ、⑥を添える。

バスクチーズケーキ
Tarta de queso La Viña

バスク地方サン・セバスチャンにあるバルで生まれた人気のスイーツ。
冷やしても、焼き立ても美味しいです。

[材料] 直径12cm丸型・1個分

クリームチーズ … 280g（常温に戻す）
生クリーム … 60g
卵 … 2個（室温に戻す）
グラニュー糖 … 50g
薄力粉 … 小さじ1

[作り方]

❶ オーブンシートをクシャクシャに丸め、水で湿らせて型に敷く。オーブンを220℃に温める。

❷ ボウルにクリームチーズを入れ、スプーンでやわらかくなるまで練る。

❸ 卵を1個ずつ加えてゴムベラでその都度混ぜる。全体が混ざったらグラニュー糖を加えて混ぜる。

❹ 生クリームを加えてさらに混ぜ、薄力粉をふるい入れながら泡立て器で混ぜる。

❺ 型に流し入れ、温めたオーブンで20分焼き、温度を230℃に上げて表面がこんがりとなるまでさらに10～15分焼く。

❻ オーブンから取り出してケーキクーラーの上で型のまま粗熱を取る。粗熱が取れたら冷蔵庫で完全に冷やし、そっとオーブンシートを外す。

丸山久美
Kumi Maruyama

料理家。スペイン家庭料理教室「mi mesa」主宰。アメリカへ留学後、ツアーコンダクターとして世界各国を回る。1986年からスペイン・マドリードに14年在住。家庭料理をベースにしたスペイン料理を学ぶ。『バスクの修道女 日々の献立』『バスクの修道女 畑と庭の保存食』(ともにグラフィック社)、『家庭で作れるスペイン料理 パエリャ、タパスから地方料理まで』(河出書房新社)、『修道院の煮込み スペインバスクと北の地方から』(主婦と生活社)など著書多数。
Instagram:@maruyama_kumi

家族や友だちと囲んで楽しむ。
スペイン家庭料理
本場のパエリア [決定版]

2024年10月25日　初版第1刷発行

著者／丸山久美
発行者／津田淳子
発行所／株式会社グラフィック社
〒102-0073 東京都千代田区九段北1-14-17
tel.03-3263-4318（代表）／03-3263-4579（編集）
https://www.graphicsha.co.jp
印刷・製本／TOPPANクロレ株式会社

定価はカバーに表示してあります。
乱丁・落丁本は、小社業務部宛にお送りください。
小社送料負担にてお取り替え致します。
著作権法上、本書掲載の写真・図・文の無断転載・借用・複製は禁じられています。
本書のコピー、スキャン、デジタル化等の無断複製は著作権法上の例外を除き禁じられています。
本書を代行業者等の第三者に依頼してスキャンやデジタル化することは、たとえ個人や家庭内での利用であっても著作権法上認められておりません。

© Kumi Maruyama 2024 Printed in Japan
ISBN978-4-7661-3975-4 C2077

写真／邑口京一郎
装丁／高橋朱里（マルサンカク）
スタイリング／佐々木カナコ
料理アシスタント／成瀬佐智子
編集／小池洋子（グラフィック社）